# Entretiens d'évaluation

Michel Lora

Pierre Miraillès

# Entretiens d'évaluation

## Guide pratique
## pour le manager efficace

**Éditions
d'Organisation**

Éditions d'Organisation
Groupe Eyrolles
61, bd Saint-Germain
75240 Paris cedex 05

www.editions-organisation.com
www.editions-eyrolles.com

# Les auteurs

Issu de l'École Spéciale Militaire de Saint-Cyr, Michel LORA crée Gii – Groupe Intervention Innovation – en 1980, à Paris. Il est parmi les premiers, en France, à adapter des outils de développement personnel au contexte et aux nécessités opérationnelles de l'entreprise. Directeur de Gii, son activité principale aujourd'hui est d'animer les cycles « Clés pour communiquer et manager aujourd'hui » et « Puissance et potentiel ». Il mène un travail de recherche appliquée sur l'intuition.

Directeur adjoint de Gii, Pierre MIRAILLÈS a mené un parcours atypique, de l'Inspection des Impôts à la formation, en passant par le théâtre, une multinationale, la traduction d'auteurs anglo-saxons de management et la psychologie. Il se consacre aujourd'hui au développement de l'activité de Gii sur le Grand Ouest, à partir de Nantes, ainsi qu'au secteur « Gestion des situations difficiles » et au coaching. Son thème de prédilection est la créativité.

Gii (Groupe Intervention Innovation)
L'activité de Gii consiste à développer les compétences des individus et des équipes, par des formations en groupe, des suivis individuels et des formations de formateurs, dans les trois domaines suivants : communication et savoir être ; management des individus et des équipes ; gestion du stress et de l'agressivité sur le lieu de travail.

Gii
9 place Jacques Marette
75015 Paris
Tél. : 01 45 30 18 73
www.gii.fr

# Remerciements

Nous adressons nos remerciements à tous nos partenaires, grâce à qui nous avons pu appliquer et perfectionner notre démarche en matière d'entretien d'évaluation. Notre reconnaissance va particulièrement à :

Josiane CASSEGRAIN, responsable du Développement des Hommes d'un groupe leader dans la grande distribution ; elle nous a donné l'opportunité de déployer et d'affiner la démarche du comité de direction jusqu'aux chefs de rayon.

Gianni MOSCATELLI, responsable de formation d'un groupe international de distribution ; il a permis l'adaptation de la démarche à un autre contexte culturel, celui de l'Italie en l'occurrence.

Carole DESCHANDOL, *Group Talent Manager* dans un laboratoire ; elle a initié l'intégration de la démarche dans un processus de développement de la qualité totale.

Catherine LÉVY, directrice des Ressources Humaines d'un grand groupe immobilier ; elle a trouvé dans la préparation aux entretiens un efficace outil d'accompagnement pour les acteurs de la restructuration urbaine.

Xavier DUBOURGET, directeur des Ressources Humaines d'un équipementier automobile de premier plan ; il a vu dans notre démarche un bon levier pour décloisonner les cultures de son groupe et pour en professionnaliser davantage les managers.

Edmond DECKMYN, dirigeant d'un organisme international de conseil, il a été la personne-clé pour l'ouverture et l'adaptation de la démarche aux entreprises d'Italie, du Portugal et du Brésil.

# Sommaire

## Partie 2 – Préparation

## Partie 3 – **Entretien**

## Partie 4 – Perspectives professionnelles

# Introduction

L'entretien d'évaluation, au cours duquel sera évaluée la prestation du collaborateur par rapport à ses objectifs et considéré son avenir, est envisagé ici dans une relation de type gagnant-gagnant, entre un responsable et chacun de ses collaborateurs.

La démarche préconisée repose sur quelques notions fondamentales :

- la notion d'évaluation : évaluer n'est pas juger ni critiquer, c'est mesurer. Nous verrons comment développer un processus interactif d'évaluation des résultats ;

- la notion de contribution : c'est bien la valeur ajoutée du collaborateur pendant une période donnée qu'il s'agit d'évaluer et non le collaborateur lui-même ;

- la notion d'objectifs : ils sont « la mémoire du futur » ;

- la notion d'avenir : manager, c'est piloter l'avenir et cela ne se passe pas dans le rétroviseur. À cet égard, la qualité des entretiens d'évaluation devient d'autant plus importante que la création du Droit Individuel à la Formation (DIF) rend obligatoire un entretien tous les deux ans ;

- la notion de positionnement « plus plus » (+ +).

Si l'expression « gagnant-gagnant » a été galvaudée, elle garde pourtant une forte signification à nos yeux. Grâce à un entretien d'évaluation bien mené, les deux interlocuteurs réitèrent le contrat de confiance, car ils fonctionnent bien ensemble. Les deux gagnent. Il s'agit de développer les individus, en les aidant à prendre chaque situation professionnelle comme une opportunité de croissance.

# Au nom de quoi
# un livre sur l'entretien d'évaluation ?

Encore un livre de management ? Pourquoi produire un nouvel ouvrage de management, alors qu'il en existe des centaines ? Les livres qui donnent envie d'appliquer sont rares. Ceux qui, en plus, donnent les outils opérationnels sont exceptionnels. **Donner l'envie et les moyens** constitue l'ambition de cet ouvrage.

Encore un ouvrage sur l'entretien d'évaluation ? Un nouvel ouvrage sur l'entretien, alors qu'il en existe des dizaines ? Nous considérons l'entretien d'évaluation comme un acte majeur du management. Cet entretien a un impact à court terme, dans la prestation fournie par le collaborateur, un impact à moyen terme, dans la motivation des équipes, et un impact à long terme, dans ce que le collaborateur fera de son parcours.

## Comment aborder l'ouvrage

L'ambition de cet ouvrage est de produire du « **vécu écrit** ». Nous avons aussi voulu que le lien avec la réalité du terrain soit évident, afin de faciliter l'intégration des outils proposés et de l'esprit de la méthode préconisée, et procurer ainsi une « connaissance efficace » aux managers.

Chaque item se déroule sur deux ou trois pages.

Sur les deux premières, en général, nous suivrons le déroulement chronologique de l'entretien d'évaluation, phase après phase, en faisant référence à l'expérience vécue et en donnant, pour chacune, l'objectif majeur, la notion clé, un processus essentiel, des schémas et des images de type mémo. Dans chaque phase seront étudiées diverses situations possibles, typiques et fréquentes. Pour chaque situation seront proposées des phrases types, qui constituent un pré-formatage à l'intention des managers, et leur permettront de mettre en œuvre nos préconisations.

Le lecteur adaptera peu à peu les phrases types à son gré, selon ses besoins, ses collaborateurs et le contexte. L'entretien d'évaluation étant un dialogue, ces phrases types lui donneront la base de ce que sera son texte.

La dernière page, en général, portera un certain nombre de principes, de notions clés, de méthodes, de schémas et de mémos.

## Donner des outils opérationnels au manager

Cet ouvrage s'adresse à tous ceux qui voudraient bien faire, mais qui manquent d'outils opérationnels. Par conséquent, avec les meilleures intentions initiales, ils ont souvent des attitudes contre-performantes.

L'intention de cet ouvrage est donc d'aider le manager à être opérationnel :

- en lui donnant des clés comportementales, relationnelles et méthodologiques, immédiatement utilisables et efficaces – pour mettre en pratique ses bonnes intentions, pour être cohérent entre ce qu'il souhaite et ce qu'il fera, tout en menant ses collaborateur à des résultats ;

- en lui faisant gagner en confort par la maîtrise du processus et de chaque phase de l'entretien, en confiance, en prévision particulière des cas délicats (comment dire quand ça ne va pas), en compétence par le développement de sa capacité à entendre au-delà des mots ;

- en lui permettant de mener les entretiens d'évaluation avec **fluidité et plaisir**, même quand il y a « réticence » ;

- en lui donnant des outils pour engager un collaborateur dans un processus de croissance, en lui donnant des repères et du soutien, en l'aidant à « voir son avenir ».

En résumé, notre propos est d'entraîner tout responsable à manager en puissance. Cette formule prendra du sens au fur et à mesure que nous avancerons ensemble dans le processus de l'entretien. Nous préciserons également la signification des notions d'autonomie (voir p. 54) et de croissance (voir p. 57).

## L'entretien d'évaluation, moment clé du management

Mené de manière efficiente et constructive, l'entretien est un acte majeur dans le management exercé tout au long de l'année et dans le développement des compétences et des carrières. Dans un contexte de dispersion géographique croissante, il devient « le grand moment » de la relation entre responsable d'une entité business et chaque membre de son équipe de collaborateurs.

L'entretien d'évaluation est un témoin du management pratiqué tout au long de l'année dans l'entreprise. C'est un moment exemplaire de ce que peut faire un bon ou un mauvais management. Vous connaissez sans doute la grille que nous reproduisons ici.

|  | Important ↓ | Non important ↓ |
|---|---|---|
| Urgent → |  |  |
| Non urgent → | L'entretien d'évaluation |  |

## Rôle du manager

> C'est en demandant à des ingénieurs, dans les premiers stages qu'il animait, d'accueillir un collaborateur que Michel Lora mesura l'étendue du travail à faire. Ce travail était d'autant plus important que ces derniers étaient dans une totale méconnaissance de la non-qualité de leur accueil : « *L'accueil ? Où est le problème ? OK, allons-y, entre donc. T'as préparé ?* »
>
> Il ne vient à l'idée d'aucun sportif – même amateur – de se lancer dans une compétition sans avoir travaillé son physique et son mental. Aucun musicien n'improvisera sans avoir préalablement travaillé des paramètres fondamentaux : justesse, volume, rythme, timbre, tonalité et intention. Aucun acteur de théâtre n'improvisera sans avoir travaillé les siens : connaissance du canevas à suivre, conscience de son corps, de son état intérieur, de l'énergie qu'il émet, des messages non verbaux qu'il adresse, de la qualité de sa voix et de son élocution, de son attention à l'autre.
>
> Dans le rôle de manager, il entre aussi cette nécessité de maîtriser suffisamment les paramètres fondamentaux, les leviers, et de s'être entraîné, afin de savoir quoi faire, comment le faire, comment s'y prendre efficacement. Les phrases-types sont la partie « visible » de cet entraînement. Elles vont contribuer à structurer une base, qui permettra au manager d'aller ensuite plus loin, à sa manière, en étant complètement disponible à l'autre, parce que pleinement confiant en ses propres ressources.

La plupart du temps, nous sommes saturés par l'urgent et le non important. Nous laissons de côté l'important et le non urgent. L'entretien d'évaluation fait justement partie de la catégorie « important non urgent ».

Si une organisation est centrée sur le court terme, sur des objectifs trimestriels, voire mensuels (ce qui se passe dans de très nombreux cas), elle peut produire des résultats mais aussi des gens malades, dans l'acception la plus commune du terme : cancers, ulcères, maladies dégénératives… En l'occurrence, la pression de l'urgence n'est certes pas la seule cause : le management induit par l'urgence ne fait qu'aggraver les choses. D'aucuns s'étonnent que 80 % de 15 000 salariés européens, y compris les managers, soient démotivés…

Dans l'entretien d'évaluation comme dans tout le management, ce qui est pratiqué « en haut » est souvent reproduit, sinon aggravé, « en descendant ». Non seulement l'entretien d'évaluation ne peut pas rattraper un « mismanagement », (avec tous les coûts cachés qu'il induit), mais la façon dont il est mené reflète les valeurs réellement mises en application par les dirigeants. Nous avons constaté des écarts considérables entre les valeurs appliquées de fait et les valeurs affirmées *via* la communication interne.

## L'entretien d'évaluation, moment redouté des managers

Témoignage d'un problème très actuel, la difficulté à parler vrai est souvent citée par les participants à nos stages :

### Parler vrai

Invités à indiquer – en une seule réponse – la qualité qu'ils aimeraient le plus trouver chez leur patron, des managers ont répondu, à une écrasante majorité de l'échantillon consulté : « *des attitudes d'équité, de patience, de compréhension, de générosité et d'ouverture* ».

Ce sont toutes des qualités humaines, relevant d'un intérêt pour autrui et fondées sur le comportement.

Si les entretiens d'évaluation annuels sont considérés comme un pensum, s'ils tournent souvent au fiasco, c'est parce que le manager se trouve pris dans des injonctions contradictoires… Il arrive que le manager reçoive des messages du type « Continuez à motiver telle équipe sur tel projet… Sachez toutefois qu'il ne sera pas mené à terme, pour des raisons de reconfiguration, etc. » Certes, relayer les messages de la direction fait partie du rôle de manager. Toutefois, nombre de responsables se trouvent contraints de véhiculer des messages avec lesquels ils sont intimement en désaccord. Il arrive aussi que le manager récupère dans son équipe une personne dont les autres services se sont débarrassés – un « singe » –, une personne sur qui il n'a aucune possibilité de sanction, parce que *ce n'est pas dans la culture de l'entreprise ».* Autrement dit, c'est le prix à payer pour avoir la paix sociale. Le résultat en est l'accumulation de non-dits…

## Langage non-verbal et verbal

Le « parler vrai » se mesure au langage tenu, mais aussi, et surtout, aux signaux non-verbaux qui accompagnent le langage des mots. Tout écart entre ce que quelqu'un dit ou fait et ce qu'il pense et ressent vraiment sera tôt ou tard décelable par ses interlocuteurs, par le langage non-verbal. Cela passera peut-être par un canal inconscient, ou intuitif, mais cela passera et se traduira par une diminution de la confiance.

Nous adressons en permanence des signaux aux autres, par notre regard, notre expression, notre posture, nos gestes, le ton de notre voix, notre élocution, etc. Les autres interprètent en continu nos messages, que nous les ayons produits volontairement ou pas, consciemment ou pas. Ils les interprètent à partir de leur vision des choses. L'expérience montre que les messages non-verbaux sont plus puissants que les verbaux : dans la transmission des messages, ce que l'on perçoit par la vue compte pour 55 %, par l'ouïe pour 30 à 35 % et le sens des mots seulement pour 10 à 15 %. Faites l'expérience de demander l'heure à quelqu'un en frottant votre pouce et votre index l'un contre l'autre, dans le geste familier qui signifie « argent ». Observez ce que vous obtenez comme réaction chez l'autre.

Au théâtre, on dit à l'acteur : « *Tu es responsable de tous les messages que tu envoies.* » Il en va de même pour un manager.

Nous donnons des procédures au manager pour qu'il parvienne, même quand c'est difficile, à dire les choses.

## L'entretien d'évaluation, opportunité de rendre efficace une connaissance

Combien de débats sur l'utilité des entretiens annuels ! *« As-tu eu ton entretien ? »,* se demande-t-on entre managés. *« As-tu commencé tes entretiens ? »,* s'interroge-t-on entre managers. Sous cette appellation « abrégée », on trouve dans chaque organisation une variante de la formule : entretien d'évaluation, d'appréciation, d'activité. Il donne quelquefois lieu à deux rendez-vous – un pour les objectifs, l'autre pour le développement professionnel. Selon les entreprises, on y parle de la « prime » ou pas. Les évaluateurs ont plus ou moins de latitude… En résumé, la pratique de « l'entretien » dépend toujours du contexte. Bien sûr, quant au sens et à l'importance à accorder à l'exercice, il y a autant d'opinions que d'individus.

Notre conviction est que, sur la communication interpersonnelle, le management des hommes et l'entretien d'évaluation, comme sur d'autres thèmes, nous savons beaucoup de choses de manière intellectuelle. Nous sommes même menacés de saturation. Certes, tous ces contenus que nous absorbons sont intéressants, mais le problème, partout, est de **mettre en œuvre** cette connaissance, de l'utiliser avec efficience.

## L'entretien d'évaluation, levier de transformation des organisations

À l'égard de l'entreprise et des organisations en général, il s'agit de répondre à un besoin essentiel, en suscitant une **véritable transformation des pratiques.**

Cet ouvrage sera particulièrement utile aux organisations dans lesquelles l'entretien d'évaluation est une nouveauté. Sont concernées, par exemple, les organisations du secteur public et du secteur non-marchand et toutes les entreprises où l'introduction ou la généralisation des entretiens sont d'autant plus complexes que l'exercice revêt un caractère de nouveauté dans l'organisation – il y a alors à consolider un changement culturel. L'exercice est à faire et à promouvoir en lien avec des éléments de contexte comme la notation, la gestion des carrières, les règles applicables en cas de conflit, d'inadéquation de la personne au poste de travail. Les notions mêmes d'évaluation et de notation des agents sont contestées.

## Une démarche qualité

Ce travail d'inventaire et de capitalisation relève d'une démarche qualité. Cette écriture nous permet de requalifier et d'actualiser ce que nous faisons, de vérifier que nos actes sont alignés sur les idéaux et les objectifs qui nous animent, d'être sûrs que nos objectifs opérationnels et nos pratiques sont porteurs de résultats et concrétisent nos valeurs.

## Autonomie, responsabilité, motivation et valeurs

### Humanisme, autonomie, prospérité

Le développement de l'humain dans l'homme, le mieux-être de l'individu au quotidien, son épanouissement dans son travail et dans sa vie, l'évolution de l'humanité vers un mieux-être sont nos valeurs essentielles. Il existe une relation réciproque entre transformation individuelle et transformation sociale. La transformation de l'individu signifie une amélioration de ses relations avec lui-même, avec les autres et avec son contexte professionnel. Cette transformation n'est possible que si elle procède d'un choix librement consenti.

Quand l'individu fait les choix qui lui conviennent, quand il prend la responsabilité de son devenir, alors surviennent des enrichissements matériels et spirituels.

## Sagesse et pragmatisme

Une philosophie vaut par l'application qu'on peut en faire. En ce sens, notre démarche est pragmatique. Elle s'inspire d'éléments de sagesse développés voici des millénaires par des penseurs, des mystiques, des philosophes et s'attache à les traduire en termes opérationnels. Dans le même esprit, nous intégrons constamment à nos pratiques les avancées réalisées en psychologie, en psychosociologie et dans les neurosciences. Transformer une idée en outil est pour nous un critère premier de réussite.

## Cohérence entre discours et pratiques

La pratique régulière de consultations clients (évaluations à froid, panels, etc.) nous permet de vérifier la pertinence et la cohérence de nos discours et de nos pratiques. Cette cohérence est la base de la qualité des prestations.

Nos intervenants veillent à faire identifier et réduire les écarts constatés entre les « valeurs » annoncées par les entreprises (charte, etc.) et les pratiques réelles de management.

*Responsabilité :* contrat systématique liant le donneur d'ordre, le participant et nous.

*Respect des personnes :* refus de participer à toute manipulation.

*Confidentialité :* non-divulgation d'informations concernant nos partenaires.

Les intentions qui sous-tendent nos préconisations dans le déroulement de l'entretien et dans les dialogues sont les suivantes :

- donner au collaborateur à la fois la liberté et la responsabilité d'exprimer ses perceptions, ses problèmes, ses projets, ses besoins et ses demandes ;

- l'aider à mettre en œuvre ce qui sera bon pour son développement, dans le contexte de l'entreprise dont vous êtes, lui et vous, membre actif.

## Auto-évaluation

Ce livre est fait pour aider et accompagner le lecteur. S'il applique de manière systématique nos préconisations, il en constatera aussitôt les bénéfices.

Cet ouvrage donne également des outils et des axes pour créer ses propres outils. Dans ce sens, des questions sont fréquemment posées au lecteur. En voici quelques-unes (page suivante). Notez vos réponses et continuez votre lecture. Vous trouverez rapidement, dans les pages suivantes, des éléments pour confirmer, transformer et surtout exploiter concrètement vos réponses.

Par la suite, nous vous inviterons plusieurs fois à une auto-évaluation : une comparaison entre ce que vous pouvez juger a priori le plus adapté et ce que nous préconisons pour la plus grande efficacité.

Mais avant d'entrer dans le détail des phases, il est bon de rappeler que 2 ou 3 heures d'entretien, même bien conduit, n'effaceront jamais 220 jours (1 760 heures) de mauvais management ou d'absence de management. Si votre manière d'être et de faire en entretien n'est pas cohérente avec votre manière d'être et de faire habituelle, vous allez au devant de difficultés relationnelles. Si, pour une raison quelconque, vous n'étiez pas intimement convaincu des avantages de l'entretien et que vous l'assimiliez à un pensum chronophage ou à une simple formalité administrative, prenez le temps de reconsidérer votre opinion. Enfin, si vous ne savez pas comment mesurer la qualité des entretiens que vous menez, rendez-vous page 179.

## Questions d'auto-évaluation

1. Quelles sont les grandes phases de l'entretien ?
2. Quelle est la phase qui réclame un soin particulier et pour quels motifs?
3. En tant qu'apprécié, qu'est-ce qui m'a aidé dans les entretiens que j'ai vécus ?
4. En tant qu'apprécié, qu'est-ce qui m'a plutôt gêné ?
5. En tant qu'appréciateur, qu'est-ce que je préfère dans l'entretien d'évaluation ?
6. En tant qu'appréciateur, qu'est-ce qui m'est le plus difficile ?
7. Une expérience d'entretien d'évaluation réussie.
8. Une expérience d'entretien d'évaluation ratée.
9. Si vous éprouvez des réticences et/ou des difficultés à répondre à ces questions, nous vous conseillons vivement de noter ci-dessous votre opinion sur ce questionnement.

# Partie 1

# ANNONCE

# Processus de l'entretien

Savoir où aller et comment y aller sont les secrets du processus. Mais si vous êtes un manager junior, vous n'avez peut-être pas intégré comme un automatisme le processus à suivre pour mener l'entretien. Nous vous en proposons un, page suivante, afin de vous en approprier la structuration et le contenu au fil de l'étude que nous mènerons phase après phase. En revanche, si vous êtes familier des entretiens d'appréciation, la suite vous concerne.

## Ce qui se passe fréquemment

Les entretiens sont annoncés brièvement, parfois par téléphone ou par courriel. Les collaborateurs, pour diverses raisons, ne préparent pas toujours. Les managers, quant à eux, préparent et mènent l'entretien « à leur façon », ce qui est légitime.

Certains préfèrent commencer par le bilan positif, d'autres par le bilan négatif. D'autres encore préfèrent débuter l'entretien par « ce qui fait mal » afin d'en être débarrassés. D'autres encore retardent le plus possible le moment d'aborder les sujets qui fâchent. D'aucuns s'en abstiennent.

Le suivi n'est pas toujours fait. Dans la majorité des cas, les managers disposent d'un support et d'un guide, mais il leur manque souvent des indications sur la manière d'appliquer les recommandations du guide, en particulier sur le thème « comment dire quand ça ne va pas ? »

# Ce que cela provoque

Globalement, les différences de pratique entre les divers managers engendrent, au mieux, une impression d'hétérogénéité et, pire, un sentiment d'injustice dans la population des « n − 1 », notamment les agents de maîtrise. La difficulté à exprimer le mécontentement pose souvent problème aux managers, qui ne savent plus quand ni comment dire les choses, ni même quoi dire.

# Ce que nous préconisons

Le processus est à suivre tel que nous le préconisons. Vous comprendrez à la lecture des différentes phases que la succession des phases « techniques » est structurée en cohérence (congruence) avec l'ordre dans lequel les facteurs psychologiques sont, selon nous, à considérer.

Ce processus est un fil conducteur qui vous « cadrera » vous-même, vous sécurisera et vous permettra de consacrer votre énergie à écouter, relancer et ramener l'interlocuteur au vif du sujet, mais aussi gérer le temps et dire ce qui ne va pas. Il vous permettra de pratiquer l'entretien de manière identique avec tous vos collaborateurs. Il leur facilitera la modélisation dans la conduite des entretiens avec leurs propres collaborateurs.

## Processus de l'entretien

### Jour J − 15

Annonce de l'entretien de développement :
- explorer le cadre de référence du collaborateur ;
- préciser l'objectif de l'Entretien ;
- demander la préparation ;
- prendre le rendez-vous ;
- vérifier la compréhension.

Préparation bilatérale :
- dossier du collaborateur ;

- description de poste ou des principales missions ;
- évaluation de l'année précédente ;
- objectifs écrits de l'année en cours ;
- être le plus factuel possible ;
- rendre les impressions et les jugements opérationnels.

## Jour J

Avant l'arrivée du collaborateur (15 minutes avant), créer les conditions favorables (externes, internes) à l'entretien.

Accueil :
- créer le climat ;
- annoncer le déroulement ;
- vérifier la compréhension ;
- identifier quels sont, pour le collaborateur, les critères de réussite de l'entretien ;

Bilan positif :
- les trois principales réussites identifiées par le collaborateur ;
- critères de réussite ;
- stratégie de succès ;
- autres réussites identifiées par le manager.

Bilan négatif :
- les trois points à améliorer ;
- enseignements ;
- moyens d'amélioration ;
- attentes du manager.

Objectifs de l'année à venir.

Perspectives à plus long terme.

Document de synthèse.

Annonce du suivi (rendez-vous de suivi à 6 mois).

Après l'entretien : questionnaire d'auto-évaluation.

## Jour J + 6 mois : suivi

Faire le point sur la réalisation des objectifs.

# Phase essentielle de l'annonce

Entrons dans le vif du sujet. L'agenda du manager lui indique qu'il doit commencer les entretiens annuels.

## Ce qui se passe souvent

Il commence à fixer des dates avec ses collaborateurs. Prenons le cas d'un collaborateur lambda, qui a déjà passé des entretiens d'évaluation. La plupart du temps, le manager lui dit en substance :

*« La période des entretiens va commencer. Je viens donc te voir pour prendre rendez-vous. Voici la documentation de préparation. Fixons déjà une date : j'ai étudié le planning et je te propose le 15 janvier, plutôt le matin. Est-ce que c'est bon pour toi ? Pas de questions ? Non ? C'est clair ? Très bien. Si jamais tu as un problème, appelle-moi ou envoie-moi un e-mail. Bonne journée ! »*

## Cas 1 : le collaborateur ne pose pas de questions

Deux possibilités sont à envisager en fonction de la réaction du collaborateur.

### *Il n'y a pas de problèmes*

Le précédent entretien d'évaluation s'est très bien passé. Le collaborateur vit cet exercice positivement, le prend au sérieux et y puise de la motivation. Il maîtrise bien la technique de préparation. La relation entretenue avec le manager est constructive. Le collaborateur n'a pas de questions à poser… Il se tait. Il demanderait bien certains éclaircissements, mais il estime que c'est à lui de trouver l'information, ou bien il n'est pas sûr de donner une bonne image de lui en vous questionnant, donc il se tait.

### *Il y a des problèmes*

L'entretien d'évaluation est vécu comme une formalité obligatoire parce que, dans l'esprit du collaborateur :

- « Tout est ficelé d'avance » ;
- « De toute façon, ça n'aura aucune incidence sur mon salaire » ;
- « On va nous fixer des objectifs qui ne seront plus valables dans deux mois » ;
- « La direction n'a même pas déterminé les objectifs pour l'entreprise » ;
- « Si c'est pour me jouer le même air de pipeau que l'an dernier, quel intérêt ? ».

Dès lors, se dit-il, pourquoi prendre le risque de se faire mal voir, puisque cela n'améliorera rien. Mieux vaut se taire.

## Cas 2 : le collaborateur pose des questions

Ce sont de pures questions. Le collaborateur interroge le manager dans un esprit constructif. Soit ce dernier renseigne immédiatement son interlocuteur, soit il lui indique quand il pourra le faire. Toutefois, il n'est pas certain que le collaborateur lui pose les questions qui le préoccupent vraiment, de crainte de paraître réticent. Sur certains points importants, il se tait.

### *Ce sont en fait des objections*

… voire le signe d'une réticence ou d'une opposition. Ce sera le cas dans l'hypothèse où « il y a des problèmes ». Les questions seront par exemple :

- « Je ne vois vraiment pas à quoi ça sert ? »
- « Est-ce qu'on va parler de mon augmentation ? »

- « Si c'est comme l'an dernier, je n'y crois pas, et je n'ai pas confiance. »

# Opposition du collaborateur critique

## Le collaborateur se tait

Pour le manager, cela semble la meilleure hypothèse. Il ne perd pas de temps à expliquer, n'entre pas en discussion, encore moins en conflit. Le silence du collaborateur signifie-t-il qu'il ne se pose pas de questions ? Nullement ! Conséquence : il va effectuer sa préparation, en continuant à nourrir certains doutes, interrogations, craintes ou ressentiments. Il risque de partir dans une mauvaise direction, faute d'éclaircissement ou de recadrage. Le manager ne saura rien de tout cela avant le jour de l'entretien et il sera obligé de recadrer les choses. Cela prendra du temps et de l'énergie.

## Le collaborateur s'oppose explicitement

Le manager devra gérer sa résistance. Cela peut agacer le manager et le faire réagir de façon inadaptée (justification par exemple). Nous verrons que les pièges sont nombreux à ce stade. Le collaborateur va préparer son entretien dans un état d'esprit négatif, voire hostile. Le manager devra le recadrer, lui ré-expliquer les choses. L'entretien sera sans doute peu productif et le collaborateur y trouvera l'occasion de renforcer ses croyances négatives sur l'entretien d'évaluation, sur la direction et… sur vous, manager. L'année qui vient s'annonce mal.

# Ce que nous préconisons

Cette entrée en matière est destinée à attirer votre attention sur le caractère essentiel de la phase d'annonce, celle qui va vous permettre de partir du bon pied et dans la bonne direction. Elle est à traiter avec soin. C'est tout l'objet de cette première partie.

# Partir du bon pied
# et dans la bonne direction

Le collaborateur a déjà eu des entretiens annuels, et ne montre ni enthousiasme, ni réticence pour l'exercice.

Si les entretiens d'évaluation que mène le manager avec la majorité de ses collaborateurs se passent bien et qu'il est satisfait des résultats, tant mieux ! Simplement, mieux vaut lire ce qui suit…

## Situations à problème

Nous allons considérer divers cas qui posent question ou problème. En les étudiant, nous allons dégager un par un les critères d'une annonce réussie et les moyens d'y parvenir.

Nous laisserons, a priori, de côté l'hypothèse où tout se passe bien, pour y revenir après avoir envisagé les cas qui préoccupent le plus souvent les managers :

- le collaborateur junior ;
- celui qui ne trouve aucune utilité aux entretiens d'évaluation (le sceptique) ;
- celui qui n'a pas confiance ;
- celui qui veut parler de son augmentation.

Les réticences ou résistances des divers collaborateurs peuvent s'exprimer à travers des questions sur l'horaire, la durée, le lieu, le support, le processus, etc. Vous aurez des réponses à toutes ces questions « techniques ». Elles proviennent souvent d'une méconnaissance, d'une inquiétude ou d'une défiance, et n'en sont que la traduction « avouable ». C'est pourquoi nous les traiterons après avoir étudié les questions et les objections portant sur la nature et la valeur de l'entretien lui-même.

# Collaborateur junior

Prenons le cas du collaborateur junior, présent depuis huit mois. Le manager arrive dans son bureau, échange quelques propos cordiaux et lui annonce :

*« La période des entretiens va commencer. Je viens donc te voir pour prendre rendez-vous. Je t'ai apporté la documentation de préparation et je vais t'expliquer. C'est bon ? ».*

## Ce qui se passe

Sauf s'il est arrivé la veille, le jeune collaborateur a déjà entendu parler des entretiens par ses collègues. Si le manager lui témoigne un peu d'attention, il observera sur son visage diverses expressions, selon ce que lui ont dit les seniors : intérêt accentué, perplexité, inquiétude légère mais perceptible.

Quoi qu'il en soit, le manager a annoncé une explication et il devra la lui fournir…

Compte tenu de son contexte, comment le manager va-t-il le lui expliquer ? Nous lui suggérons de noter sur une feuille les réponses que lui-même donnerait.

Il lui a donné une explication claire pour quelqu'un qui sait ce dont il s'agit. Imaginons que quelqu'un vous explique le chemin pour aller de la place Hiro Hito à l'avenue Giseh, à Tokyo, et vous décrive les belles choses à voir au passage, alors que vous n'avez jamais mis les pieds au Japon et qu'on vous dise en conclusion : *« C'est clair ? ».*

Si le manager, à la fin de son explication, conclut avec un sourire engageant : « *C'est clair ?* ». Que se passera-t-il ? Il est rare qu'un jeune collaborateur réponde par la négative. Faussement rassuré, le manager continuera :

« *Voici la documentation. Regarde-la. Si tu as des questions, n'hésite pas. Donc, à lundi en huit, à 10 h ! Bonne journée !* »

## Ce que cela provoque

Certes, le jeune collaborateur va se plonger dans la documentation. Or, le manager a-t-il la moindre idée de sa propre vision de l'entretien ? A-t-il identifié quelle image des entretiens lui ont communiquée ses collègues (qui expliquerait, par exemple, sa légère inquiétude ou sa perplexité) ? Le collaborateur va-t-il préparer l'entretien dans les meilleures conditions ?

Il est à craindre que le manager ne réponde par la négative à ces questions. Il mesure aisément les risques de laisser le collaborateur préparer l'entretien et y arriver sans avoir perçu en quoi cela consiste. Dans ce cas, quels bénéfices pourra-t-il en tirer pour lui, son travail, son parcours ?

## Ce que nous préconisons

Pour prévenir ces risques, le manager doit d'abord découvrir l'idée que le collaborateur se fait de l'entretien, afin de la valider, la préciser et éventuellement la corriger.

# Explorer le cadre de référence du collaborateur

Le collaborateur se fait forcément une idée de l'entretien d'évaluation. Pour la connaître, le moyen le plus simple est de le lui demander, en sachant mener le collaborateur, même néophyte, même réticent, à s'exprimer. Cette démarche est à appliquer tout au long de l'année.

## Ce qui se passe

Voici une entrée en matière possible :

*« La période des entretiens va commencer. Je viens donc te voir pour prendre rendez-vous. Je t'ai apporté la documentation de préparation. Avant tout, j'aimerais savoir ce que l'entretien représente pour toi. »*

Une réponse fréquente est : *« Je ne sais pas… Je ne vois pas. »*

## Ce que cela provoque

Si le manager accepte cette réponse et entame une explication, il tombe dans un travers répandu : proposer sa vision des choses, sans se soucier de découvrir quelle idée se fait le collaborateur de l'entretien. Si le collaborateur a une vision positive de l'entretien, le flou persistera (il peut être corrigé au cours de l'échange). S'il a une vision négative, ce flou risque d'interférer tout au long de l'entretien et échapper au contrôle du manager et du collaborateur.

## Ce que nous préconisons

*« D'accord, tu ne sais pas. Mais si tu savais, tu verrais quoi ? »*

Par cette réponse, le manager démontre qu'il entre dans le cadre de référence du collaborateur. Avant de donner une explication, il doit découvrir l'idée que le collaborateur se fait de l'entretien d'évaluation. Même s'il n'en a jamais passé, il se construit forcément une image (qui provient de son passé scolaire) de l'entretien et de l'évaluation.

C'est en validant, en précisant et en corrigeant les idées qu'il se fait de l'entretien d'évaluation que le manager atteindra son principal objectif : faire comprendre au collaborateur ce qu'est l'entretien d'évaluation.

## Cadre de référence, notion clé de la communication

Notre cadre contient nos croyances, positives ou négatives, mais aussi tout ce que notre vécu nous a forgé (opinions, convictions, valeurs, conceptions du monde, habitudes). Il caractérise notre singularité, nous sécurise et nous distingue. Il nous limite aussi, car il influence, sans que nous en ayons conscience, notre représentation du monde. Il agit toutefois à des niveaux très élémentaires.

Je dirai par exemple : « *La solution saute aux yeux* » et « *Elle s'impose* » parce qu'elle est la seule à m'être concevable. Nous avons tendance à apprécier quelqu'un qui a le même point de vue que nous – en prenant quelque distance, nous pourrions dire qui a les mêmes préjugés ou illusions que nous. Chacun a sa propre façon d'appréhender la réalité et sa vision du monde est relative. Quand cette prise de conscience de l'unicité de l'individu est mise au service de la communication, elle est extraordinairement féconde.

Chacun voit le monde à travers son propre cadre de référence. Pour bien comprendre l'autre, il faut explorer son cadre de référence. Pour mieux communiquer, il est nécessaire d'exposer le sien propre en tenant compte de celui de l'autre. Ce qui met en lumière la nécessité d'une communication efficace : bien écouter l'autre, c'est entrer dans son cadre de référence (ce qui ne signifie pas être d'accord). En entrant dans le cadre de l'autre, on peut recueillir une information qu'on n'avait pas saisie ou percevoir l'élément manquant chez l'autre (qu'on peut alors lui communiquer). Dans les deux cas, l'échange progresse.

Croître, c'est ouvrir son cadre de référence. Comprendre l'importance fondamentale du cadre de référence, c'est avoir la clé du management des hommes.

# Explorer le cadre de référence du collaborateur (2)

Valider, préciser, corriger les croyances du collaborateur sont trois étapes indispensables pour lui faire comprendre à quoi sert l'entretien.

## Que faire, comment faire ?

En questionnant le collaborateur, le manager lui laisse le temps de formaliser l'idée qu'il s'en fait. Ainsi, le collaborateur, prend le temps de lui exposer son idée de l'entretien. Dès lors, le manager a tout loisir de lui dire : « *Telle chose, ici, nous la faisons, telle autre, non… »*

Puis de lui exposer, à partir de son cadre de référence, ce en quoi consiste l'entretien dans votre entreprise. En validant ainsi les idées pertinentes du collaborateur, le manager résumera ainsi :

*« Nous allons :*
- *prendre du temps ensemble ;*
- *ajuster nos points de vue, lever des ambiguïtés si besoin est ;*
- *fixer ensemble des objectifs concrets ;*
- *et baliser ton avenir. »*

## Savoir prendre le temps

Dans la phase d'annonce, le manager informe, sensibilise, suscite l'adhésion, fait agir – en l'occurrence, fait bien préparer. Pour chaque tâche, il veille à explorer le cadre de référence du collaborateur et à lui donner des éléments à intégrer dans son propre cadre de référence.

Le manager constate ainsi qu'il a besoin de consacrer plus de temps à cette phase d'annonce, afin d'ajuster son cadre de référence avec son collaborateur. Le retour de cet investissement est important. Laisser le collaborateur préparer l'entretien (et y venir) dans un état d'esprit perplexe ou non constructif l'obligerait à des recadrages successifs, coûteux en temps, en énergie et en efficacité. Le temps dépensé sera bien supérieur au temps que nous conseillons d'investir à la préparation. Nous préconisons des phrases types, éléments clés de l'apprentissage proposé dans cet ouvrage.

## Cadre de référence et management efficace

La connaissance du cadre de référence du collaborateur est un préalable essentiel à un management efficace. Il est impossible de fiabiliser un travail de management sans connaître le cadre de référence du collaborateur. Une des tâches du manager est de prendre comme point de départ le cadre de référence du collaborateur et d'aider ce dernier à explorer, enrichir, transformer et ouvrir ce cadre. Il l'aide ainsi à opérer des prises de conscience salutaires.

En explorant le cadre de référence du collaborateur, le manager manifeste aussi sa résolution à ne pas entamer le processus tant que le collaborateur ne s'est pas tant soit peu impliqué. L'hypothèse sous-jacente est que le collaborateur a nécessairement une idée, une représentation, de ce que peut être un entretien de développement. Au-delà de cet entretien, l'exploration du cadre de référence de l'autre, des autres, est à pratiquer systématiquement. C'est une excellente habitude à prendre dans son management.

Par exemple, au moment de lancer une action, le manager décide, sans consulter son collaborateur, que la meilleure option, parmi trois possibilités A, B, C, est l'option A. La mise en œuvre commence et, au bout de quelque temps, il constate que les choses n'avancent pas.

Si le manager avait dit : « *J'ai tel projet. Comment vois-tu les choses de ton côté ?* », il aurait découvert que la préférence du collaborateur allait plutôt à l'option B. Le manager aurait alors statué : le collaborateur aurait peut-être eu des arguments décisifs en faveur de l'option B. Ou bien, cette option n'aurait définitivement pas convenu au manager. Toutefois, il aurait su avant la mise en œuvre quoi rectifier pour que le collaborateur soit efficace dans l'option choisie.

# Ouverture du cadre de référence du manager, processus d'apprentissage

De la même façon qu'il est indispensable de réussir l'annonce pour réussir un entretien, il est indispensable de faire un point de méthodologie avant de continuer.

## Phrases types et mots clés

Au cours des formations, nous préconisons souvent des phrases types. Il y a toujours un participant qui exprime son désaccord, en présentant une ou plusieurs objections, par exemple :

*« Encore une recette comportementale à l'américaine, qui ne correspond pas à la culture française. »*

*« C'est artificiel et, en tout cas, cela ne me correspond pas. »*

*« Je ne parle jamais comme ça à mes collaborateurs et cela va être mal perçu. Ils vont croire que j'applique bêtement ce qu'on m'a inculqué en formation. Cela creusera un fossé entre eux et moi. »*

*« C'est tellement simple que ça sent la manipulation, trop bien pour être honnête ».*

## Processus d'apprentissage

Toutes ces objections traduisent les valeurs, les croyances, les résistances ainsi que le cadre de référence de l'individu qui les exprime.

Elles témoignent de ce que l'individu entame un processus d'apprentissage, fondé sur l'idée que nos comportements sont la synthèse d'un ensemble d'habitudes. Il est possible à chacun de changer d'habitudes. Les seuls obstacles à cette actualisation viennent de nous-mêmes.

Les phrases types que nous préconisons d'employer, entraînez-vous à les dire AVANT l'entretien, pendant que vous êtes seul et au calme.

# Déroulement du processus d'apprentissage

Le processus comporte quatre temps, que nous allons détailler.

## Inconsciemment incompétent

Je ne sais même pas que je ne sais pas…

Je suis dans l'ignorance totale de certains processus, mécanismes relationnels.

Je réédite les mêmes erreurs, je bute sur les mêmes obstacles, par méconnaissance.

À ce stade, je peux accumuler maladresses et gaffes sans en avoir conscience.

## Consciemment incompétent

Je découvre ma marge de progression.

À ce stade, je peux avoir quelques problèmes d'ego, car mon image de professionnel accompli est écornée. Je me laisse voir par l'autre dans un processus d'apprentissage.

## Consciemment compétent

J'essaie l'outil qui m'est proposé. Par exemple : je reprends les phrases telles quelles ou bien je trouve des équivalents dans le même esprit. Je m'autorise à lire les phrases devant la personne.

Je m'approprie les phrases. Je suis de plus en plus dans mon énergie en les prononçant. Leur impact augmente. Elles me viennent de plus en plus facilement.

À ce stade, je peux m'interroger sur mon manque de naturel. Mes résistances au changement fonctionnent, ce qui n'a rien d'alarmant. C'est humain. Changer d'habitudes demande une énergie considérable, changer de comportement un effort de concentration. Je ne suis pas naturel : je le deviens.

## Inconsciemment compétent

Le comportement est devenu réflexe, il est intégré. Je l'adopte sans y penser et il fonctionne sans que j'aie à m'en préoccuper. Les phrases viennent avec naturel et spontanéité. À ce stade, la place est libre pour une nouvelle prise de conscience et une nouvelle amélioration. Exemple de processus d'apprentissage :

*« Vous corrigez-vous systématiquement quand vous employez "on" ? »*

*« Reprenez votre propos en employant "Je" ou "Nous". »*

Au bout de quelques jours, vous constaterez que vous n'employez plus l'indéfini « on » et que vous faites l'expérience d'un autre positionnement.

Dans la même démarche, demandez systématiquement aux autres qui est le « on » qu'ils font parler à leur place et mesurez les effets de votre tranquille exigence de responsabilité.

# Scepticisme du collaborateur, décentration

Le collaborateur a déjà passé un entretien d'évaluation. Quel qu'ait pu en être le déroulement, il n'en a pas perçu de conséquences positives et il a de forts doutes sur l'utilité de l'entretien.

## Ce qui se passe

Après avoir annoncé son intention de mener l'entretien, le manager doit poser la question suivante (même s'il connaît la réponse) :

*« Qu'est-ce qui t'a été utile dans le dernier entretien ? »*

Si le collaborateur répond : *« Rien »*, le manager ne doit pas répondre : *« Bon »* ou *« D'accord »*. Cette position (− +) reviendrait à valider implicitement le constat du collaborateur. Parfois, le manager, agacé par le collaborateur et/ou par la manière dont « on » l'oblige à mener les entretiens, réplique :

*« C'est dommage ! C'est obligatoire de toute façon… »* (− −)

*« Je te comprends, mais il faut y passer ! Ce sera vite fait. »* (+ −)

Ces formulations engagent peu le collaborateur à consacrer du temps à la préparation de l'entretien. Elles révèlent surtout la surprise, l'agacement et/ou la déstabilisation du manager devant la réponse *« Rien »*. L'une des idées suivantes est peut-être venue à l'esprit du manager :

*« Il va encore falloir leur vendre l'entretien. »*

*« Quel état d'esprit négatif ! »*

*« Ces entretiens, c'est vraiment la corvée. »*

Que s'est–il passé en lui ? Il a été « décentré ».

## Ce que nous préconisons

Le manager doit être vigilant sur l'état d'esprit et l'état émotionnel dans lesquels il se met suite aux répliques négatives du collaborateur. Il doit alors se recentrer, en étant conscient du processus de communication dans lequel il est engagé (voir page suivante).

## Cycle de réaction face à la réalité

Nous réagissons selon un cycle à quatre temps, détaillé ci-après.

### Perception du message

Je perçois : message arrivant.

Je perçois la réalité… Entrent en jeu mes préférences pour les informations visuelles, auditives, kinesthésiques. Au stade de la captation des informations, j'opère déjà une sélection au travers de mes « filtres ».

### Représentation de la réalité

Je me fais une représentation de la réalité. Entrent en jeu notamment mes convictions, mes croyances, l'image que je me fais de moi, de l'autre (l'émetteur), de moi dans le regard de l'autre, de l'objet qui m'occupe avec l'autre, de l'entreprise, de la société et de la vie, mais aussi les leçons que je tire de mon expérience et le contexte.

### Perception de ses propres émotions

La représentation que je me fais suscite en moi une ou plusieurs émotions : joie, colère, peur, tristesse. Entrent en jeu mon état d'humeur du moment, mon état émotionnel de la période, ma sensibilité personnelle, des émotions non évacuées (refoulements, imprégnations).

Une émotion peut susciter une nouvelle représentation, en renforcer le caractère négatif ou positif, lequel peut déclencher une nouvelle émotion, etc. Par exemple : développer une terreur panique.

## Réaction

Je réagis en direction de l'émetteur du message, en fonction du jeu combiné de mes représentations et de mes émotions. Si l'impact émotionnel est trop fort, je suis déstabilisé, je n'agis plus avec distance. La décentration est en cours. Danger !

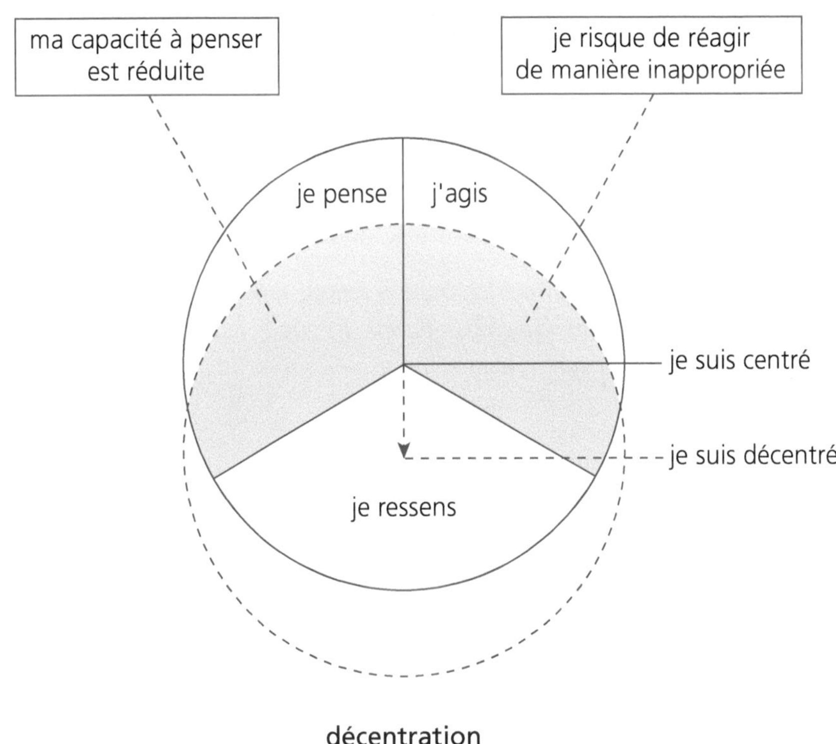


décentration

# Se recentrer

Pour bien mener ses entretiens, le manager doit demeurer conscient du système dans lequel il évolue. Ce système est organisé en trois pôles qui interagissent : soi, l'autre, le contexte. Le manager doit gérer sans cesse ses relations avec les autres, dans un contexte donné.

## Ce qui se passe

Dans les stages, nous avons l'habitude de poser la question suivante :

*« Dans le cadre de l'entretien d'évaluation comme dans le cadre général de vos relations professionnelles, quel est, parmi les trois facteurs suivants, celui auquel il faut accorder une attention prioritaire : moi (manager), l'autre (collaborateur) ou le contexte (business) ? »*

Les individus qui répondent *« Moi »* sont une minorité, car ils sont souvent partagés entre la crainte d'apparaître égoïste et le discours qui consiste à placer le business avant tout.

## Ce que cela provoque

En général, si le manager n'est pas en forme, il n'est pas en mesure d'écouter, ni d'entendre ce que signifie l'autre. Il n'est pas lucide sur le contexte, il est en réaction permanente. De manière plus spécifique, si, en cours d'entretien, le collaborateur dit quelque chose qui le touche au niveau émotionnel et le déstabilise, le manager risque de réagir sous l'emprise de ses émotions. Il est alors « décentré ».

# Ce que nous préconisons

Plus le manager aura de responsabilités, plus il devra se préserver, se protéger et se recentrer. Plus il devra savoir prendre soin de lui-même, en sachant se recentrer. Sinon, il risque de communiquer son stress négatif à ses collaborateurs.

## Pôles de la communication

Prendre *d'abord* soin de *moi* afin de bien percevoir *l'autre*, en étant lucide sur le *contexte*.

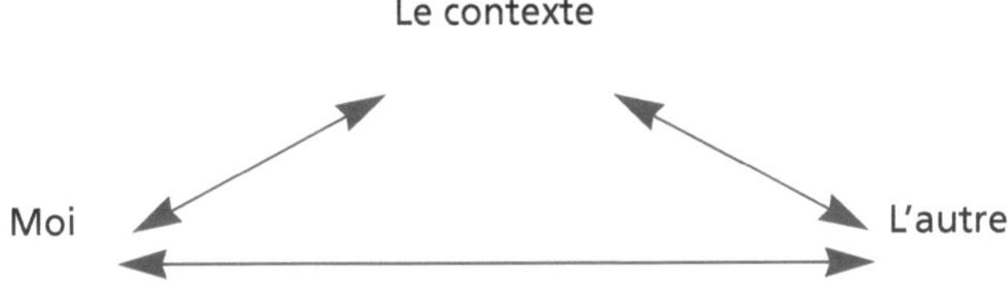


## Centration

Cette technique, simple, peut vous aider dans de nombreuses circonstances de la vie, professionnelle ou privée. Il est vivement conseillé de procéder à une centration avant d'agir ou de réagir.

### Centration

La centration consiste, en fait, à détourner notre attention, pendant un moment, de ce qui commence à nous déstabiliser ou à nous angoisser, en reportant notre attention vers notre corps : respiration, posture, tension musculaire, contact avec le sol, avec le siège, etc. La centration est le premier processus clé de l'entretien.

Elle se décompose en trois phases :

## Repérer qu'on a été touché

Accueillir cette émotion et l'identifier : peur, colère, tristesse, joie, etc.

L'accepter (nos émotions sont légitimes).

Ne pas la refouler brusquement, afin d'éviter tout préjudice.

Se dire : « *Tiens ! Voici donc ce que je ressens.* »

## Prendre du recul

Prendre du recul physiquement en se calant bien sur son siège ou en s'ancrant dans le sol si on est debout.

## Retrouver calme intérieur et lucidité

Respirer profondément deux à trois fois par le ventre. Cela suffit, en général, à calmer le flux émotionnel et permet de recouvrer son calme intérieur et sa lucidité.

L'exercice de centration a de multiples intérêts, il :
- diminue beaucoup le stress qui s'exerce *via* l'activité mentale ;
- fait circuler l'énergie bloquée ;
- installe le sujet dans un état de calme ;
- permet de prendre conscience de soi, de ses émotions, de son état intérieur et de ses besoins.

Tant que l'individu est centré par rapport à ces trois fonctions, tout va bien ! Il sait ce qu'il pense, ce qu'il ressent et comment il agit. Il est pleinement conscient.

# Manque de confiance du collaborateur

Le manager a donc appris ce qu'était la centration et comment l'utiliser. Il lui reste à apprendre à déjouer un piège qui fonctionne souvent.

## Ce qui se passe

Le collaborateur dit :

*« L'entretien est une mascarade, tout est ficelé d'avance. On n'en retire aucun bénéfice, alors… Je n'ai pas confiance. »*

## Ce que cela provoque

Dans nos formations, nous demandons aux participants ce qu'ils éprouvent et ce qu'ils répondent dans ce cas. Rares sont les managers qui s'expriment en termes de ressenti. Leurs réponses relèvent en général :

- soit du jugement porté sur soi : le manager s'interroge sur ce qu'il a pu faire qui ait suscité la défiance du collaborateur ;
- soit de la réaction, avec une réplique plus ou moins agressive : *« Si tu n'as pas confiance, moi non plus, tiens, signe-là et pars. »* ;
- soit du jugement de valeur porté sur le collaborateur : *« Qu'est-ce qui te prend ? »*.

Dans tous les cas, il est clair qu'ils agissent sous l'emprise plus ou moins forte de l'agacement et/ou de l'inquiétude.

## Question piège : « Pourquoi ? »

*« Pourquoi n'as-tu pas confiance ? »* *« Quelles sont les raisons de ta méfiance ? »* *« Comment se fait-il que tu n'aies pas confiance ? »* Etc.

C'est la porte ouverte à une série de propos sur le passé, de regrets et de ressentiments, sans utilité pour l'avenir. Le collaborateur va remonter à ses débuts dans l'entreprise et expliquer comment, année après année, il a été berné. Pour autant, à la fin de sa narration, le manager ne saura pas ce qui lui donnera confiance en l'avenir ! Le collaborateur se sera « ré-ancré » dans des souvenirs désagréables. Le manager aura consacré du temps à considérer le passé au lieu de construire l'avenir. Le collaborateur peut alors penser que son intérêt est de pure forme et son attitude manipulatoire, et répondre par exemple :

*« Il y a un an, quand tu es arrivé, tu as annoncé que… et maintenant, tu dis autre chose ! »*

Le manager risque de vouloir se justifier :

*« Mais non, je n'ai jamais dit cela… pas vraiment, pas comme ça, etc. »*

Certains emploient l'image de « brasse coulée ». Avec la question « Pourquoi ? », le manager se fabrique un piège et y tombe. Il va perdre du temps, de l'énergie et son image va se dégrader. À terme, ni lui ni le collaborateur ne seront satisfaits.

## La tentative d'arrangement

Parfois, le manager, animé de bonnes intentions, essaie d'arranger les choses :

*« Qu'est-ce que tu attends de moi ? »* ou *« Que dois-je faire ? »* (sous-entendu ou non, pour regagner ta confiance).

Par son attitude, le manager répond à un besoin qui n'est pas le sien ! Nous qualifierons plus loin (phase « Accueil ») cette propension à faire à la place des autres, même s'ils ne demandent pas explicitement de l'aide.

# Ce que nous préconisons

Vouloir passer des messages à qui n'a pas confiance en vous relève de l'illusion. Il est indispensable de restaurer un minimum de confiance entre le collaborateur et vous.

## Relation d'objet//relation de personne

Dans ses échanges avec les autres, chacun de nous a une préférence pour :
- la relation d'objet – l'information, le message explicite – qui privilégie la clarté, la rigueur, la précision et la concision dans la formulation ;
- ou la relation avec la personne à qui est transmis le message, l'information (objet).

Par exemple, des amoureux roucoulant sont dans une relation de personne. Toutefois, à moyen terme, il faudra qu'ils mettent un peu de contenu dans leur relation. Autre exemple, deux informaticiens discutant d'une nouvelle technologie sont dans une relation d'objet caractérisée.

L'essentiel est d'équilibrer. Pour cela, il suffit de se demander :
- « Suis-je conscient de ma préférence personnelle (ce que je privilégie d'habitude) ? » « Relation d'objet ou relation de personne ? »
- « Est-ce que je connais la préférence de mon collaborateur ? »
- « Pour atteindre les objectifs, comment établir avec mon collaborateur une relation positive ? »

# Rétablir la confiance

Restaurer la confiance de son collaborateur exige un changement d'attitude du manager, afin d'établir une relation positive avec lui.

## Ce que nous préconisons

Pour être opérationnel, le manager doit passer d'un questionnement de type « *Pourquoi n'es-tu pas satisfait ?* » à une problématique de type « *Que te faudrait-il pour être satisfait ?* » Cette orientation solution est une évolution majeure.

L'un des meilleurs signes de reconnaissance que le manager puisse donner à son collaborateur est d'entrer dans son cadre de référence. Pour cela, il doit se recentrer, reformuler ce que vient de dire son collaborateur, en reprenant ses termes. La question sera ici :

« *Très bien, tu n'as pas confiance. Que te faudrait-il pour avoir confiance ?* »

Si le collaborateur évoque sa rémunération, rendez-vous directement à l'annonce 10. S'il ne parle pas d'argent, notez précisément ce qu'il dit, afin de lui prouver que vous l'écoutez avec attention et que vous l'encouragez à répondre. C'est aussi une façon d'acter l'échange.

Revenons au dialogue. Le collaborateur formule un premier besoin :

« *Il me faudrait ceci (A) et cela (B).* »

Une telle réponse est une avancée. Le collaborateur aurait pu s'en tenir à une passivité silencieuse. Or, il donne des informations. Le fait qu'il s'exprime témoigne d'une certaine confiance. Toutefois, vous ne pouvez satisfaire que le besoin A. Que lui dire ? Deux options sont possibles :



50

- valoriser le A et gommer le B est une vue à court terme qui mène à l'échec ;
- répondre au collaborateur : *« Pour le A, je peux faire quelque chose, en revanche, pour le B, je ne peux rien. »*

Cette seconde option n'est pas meilleure, car la confiance n'a pas progressé. En fait, la question n'est pas là car l'exploration du cadre de référence n'est pas finie. Arrêter là le questionnement laisserait penser que la difficulté est résolue. Or, il n'en est rien. Face à une alternative insatisfaisante, le manager risque de se décentrer, agacé de ne pas avoir de réponse pertinente, inquiet de voir persister ou monter la tension, etc.

Mieux vaut que le manager continue à valider son information et dise, même s'il sait que B est hors de question :

*« Si A et B sont réunis, est-ce que tu auras confiance ? »*

Si le collaborateur hésite, sans doute y a-t-il autre chose à identifier. La question à poser est la suivante : *« Quoi d'autre ? »*

Le collaborateur évoque alors l'élément C. En opérant ainsi, le manager l'aide à pointer ce qui est important pour lui. C'est le moment de valider :

*« Si A, B et C sont réunis, est-ce que tu auras confiance ? »*

Si le collaborateur acquiesce franchement, le manager peut considérer qu'il a bien exploré son cadre de référence et passer à la réponse suivante :

*« D'accord pour A et C, impossible pour B. Trouvons autre chose. »*

Et ainsi de suite.

Le manager, procédant par validations successives, a pris du temps pour en gagner ensuite : il a réalisé un pitonnage. Ce ne sont pas ses propositions, ni ses promesses qui ont restauré la confiance, mais son écoute et la possibilité laissée au collaborateur d'exprimer ses besoins.

## Pitonnage

> Cet outil, pratique, sert à éviter de tomber de haut. Il permet de laisser à l'autre l'exercice de sa responsabilité. Quand on escalade une paroi, on plante des pitons au fur et à mesure de la montée. En cas de chute, on tombe de deux mètres environ. Sinon, la chute est plus grave. Appliqué au niveau relationnel, le terme « pitonner » revient à explorer, avec rigueur et respect, le cadre de référence de l'autre, sans se substituer à lui dans l'identification et la formulation de ses besoins, mais en l'aidant.

Nous recommandons au lecteur de noter ce qu'il lui faut aujourd'hui, afin de faire confiance à son patron direct, à sa hiérarchie supérieure, en pratiquant un pitonnage avec lui-même.

# Questions d'argent

De manière symbolique, les questions d'argent cristallisent souvent nos insatisfactions. Elles sont la face visible de l'iceberg, et ceci se vérifie fréquemment au moment de l'entretien d'évaluation. Il vous appartient d'explorer la face cachée, en restant certes dans le cadre professionnel.

## Ce qui se passe

Lorsqu'il y a une insatisfaction chez le collaborateur, il peut, à la question *« Que te faudrait-il pour que l'entretien soit utile ? »*, répondre, tout en sachant très bien que ce n'est pas prévu :

*« L'entretien sera utile si on aborde mon augmentation. »*

Nous désignerons, par la suite, cette attente du collaborateur par A1.

## Ce que cela provoque

Le manager risque de se lancer dans une discussion contradictoire :

*« Impossible. La question de l'augmentation sera abordée plus tard. »*

En agissant ainsi, le manager ancre le collaborateur dans sa dynamique d'opposition. Il a « mordu » à l'amorce d'un jeu psychologique.

## Ce que nous préconisons

Il est conseillé de pitonner. À ce stade de l'entretien, en réponse à la phrase du type A1, la question à poser est :

*« D'accord, si on aborde ton augmentation… Et quoi d'autre ? »*

Au préalable, l'entreprise aura mis en place une procédure précisant dans quelles conditions et à quelle période seront données les informations concernant les rémunérations. Dans le cas contraire, le flou risque de miner l'ensemble du processus de l'entretien, voire au-delà.

Ceci posé, la question « *Quoi d'autre ?* » conduit le collaborateur à sortir de sa dynamique d'opposition, et l'essentiel est fait à ce stade. À la question du manager, le collaborateur peut répondre :

« *J'aimerais bien aussi qu'on aborde ma formation sur… [technologie, process, produit]* »

Nous désignerons cette attente du collaborateur par A2.

De son côté, le manager note par écrit cet élément, susceptible de conférer, aux yeux de son collaborateur, de l'utilité à l'entretien, et dit :

« *Pour A2, c'est d'accord dans le principe et nous allons en parler. En ce qui concerne ton augmentation, l'évolution des rémunérations sera abordée dans tel contexte.* »

Tenir compte des critères du collaborateur, pas nécessairement les mêmes que celui du manager et recadrer si nécessaire, pour éviter des attentes illusoires ou un malentendu : en procédant ainsi – avec clarté – le manager permet au collaborateur de gagner en autonomie.

## Autonomie

L'ambition du travail que nous proposons en matière d'entretien et de management s'appuie sur la définition ci-dessus. Nous préconisons, dans cet ouvrage, nombre de questionnements et de processus, dont l'efficacité a été éprouvée par l'expérience. Tous sont fondés sur la même volonté : aider le manager à développer chez ses collaborateurs la capacité à mieux :
- appréhender leur réalité professionnelle ;
- évaluer leurs problèmes et leurs besoins ;
- poser des demandes claires ;
- trouver les moyens de leurs objectifs.

En bref, à prendre leurs responsabilités. C'est le sens que nous donnerons au terme « autonomie » dans la suite de cet ouvrage.

## Autonomie

Le terme « autonomie » est utilisé dans divers contextes, avec des significations variables. Pour nous, le mot signifie la capacité d'agir librement, de se gouverner par ses propres lois, de déterminer librement les lois auxquelles on se soumet.

L'autonomie est un idéal auquel il faut tendre.

## Exemples de questions de pitonnage

*Manager :*          — Que faut-il pour ? Que te faudrait-il pour ?

*Collaborateur :* — ..................................................................................

*Manager :*          — Si tu as ce que tu demandes, seras-tu satisfait ?

*Collaborateur :* — ..................................................................................

*Manager :*          — Quoi d'autre ?

*Collaborateur :* — ..................................................................................

*Manager :*          — Souhaites-tu aborder un autre élément ?

*Collaborateur :* — ..................................................................................

Un dialogue bien « pitonné » doit réunir les items suivants :
- collecte de l'information ;
- clarifie les besoins (les miens ou ceux de l'autre) ;
- opère des validations successives ;
- ajuste les cadres de référence ;
- fait passer le collaborateur du passé au futur ;
- oriente du pourquoi au comment.

# Demander la préparation de l'entretien

Nous avons envisagé divers cas pouvant poser problème. Il est temps de stimuler le collaborateur pour qu'il prépare bien son entretien.

## Ce qui se passe

Certains managers, soucieux de ne pas paraître autoritaire, disent :

*« Ce serait bien que tu prépares… »*

## Ce que cela provoque

Le conditionnel introduit l'idée de négociation dans la préparation, ce qui est à exclure. Il faut éviter également les mots minorants – *« Tu peux préparer un peu… »* et les mots « toxiques » comme l'indéfini « on ».

## Ce que nous préconisons

Parce qu'elle est claire, directe, ferme mais sans autoritarisme, la meilleure formulation est alors :

*« Dans un premier temps, je te demande de préparer l'entretien par écrit. »*

La mention « par écrit » a son importance, surtout si la culture de l'entreprise est essentiellement orale.

*« Voici un document pour t'aider. »* (Voir *Préparation du collaborateur.*)



56

Cette formulation n'est toutefois pas neutre. Quand le collaborateur, en voyant le document, dit :

*« Est-ce que je dois tout remplir ? »*

Si le manager dit *« oui »*, il adopte alors le point de vue du collaborateur, pour qui la consigne la plus facile à suivre est de répondre à tout. La réponse adaptée est : *« Remplis ce qui est le plus utile pour toi. »* Le manager donne ainsi au collaborateur la possibilité de sélectionner par rapport à ses critères d'utilité, à se positionner

Ce travail est un processus de croissance (voir encadré) qui vise à aider le collaborateur à sortir du tout ou rien, en l'amenant de façon réitérée à identifier ce qui est bon pour lui. Si le collaborateur arrive, le jour de l'entretien, avec un document rempli à moitié, il faudra saluer son implication, même si elle n'a pas totalement abouti.

## Croissance

Le terme « croissance », selon le dictionnaire *Le Petit Larousse*, signifie : « *développement progressif d'un être vivant… considéré sous son aspect quantitatif.* »

Dans cet ouvrage, nous lui ajoutons une acception plus qualitative. La croissance correspond au développement progressif, chez l'individu, de ses capacités à :

- se connaître, s'apprécier, s'estimer, s'aimer ;
- instaurer avec autrui des relations constructives ;
- à discerner les choses, à être lucide, à se concentrer sur l'essentiel ;
- en synthèse : la **croissance**, c'est l'**ouverture** de **son propre cadre de référence.**

Nous souhaitons, en nous appuyant sur notre expérience, aider les acteurs de l'entreprise à développer en pratique, au quotidien, ces capacités. Chaque fois que vous trouverez le terme « croissance » dans la suite de cet ouvrage, il aura cette signification.

Avant de continuer de préparer le dialogue avec son collaborateur, le manager remplit lui-même la fiche de préparation. Ce faisant, il doit prêter attention à ce qu'il dit, à ce qu'il éprouve, à l'effet que lui procure le fait de parler de ses réussites et de ses éventuels échecs.

## Préparer mon entretien : fiche destinée au collaborateur

- Bilan sur mes résultats de la période écoulée par rapport à ses objectifs et normes.
    - Mes réussites
    - Mes échecs ou non-résultats
    - Ce qui m'a permis de réussir ou ce qui a fait obstacle

*Différencier les faits qui me sont directement liés et ceux liés à l'environnement.*

- Quelles sont les capacités et les qualités requises par mon travail ?
    - Quelles sont celles que je maîtrise bien ?
    - Quelles sont celles que j'ai à développer ?
- Qu'est-ce que j'aime faire – quels bénéfices est-ce que j'en retire ?
- Quelles sont les compétences que j'aimerais développer ?
    - Comment puis-je faire ?
- Quels sont les objectifs (chiffrables, mesurables et contrôlables) à fixer pour la période à venir ?

    - ....................................................................................................................

    - ....................................................................................................................

    - ....................................................................................................................

    - ....................................................................................................................

# À quoi servent des objectifs ?

La notion d'objectif a fait couler beaucoup d'encre et commettre pas mal d'erreurs de management. Préciser la finalité et la nature d'un objectif est indispensable dans l'entretien d'évaluation, qui engage collaborateur et manager pour un an. Il importe donc d'être vigilant et, avant d'aller plus loin, de bien faire saisir le sens donné à cette notion.

## Ce qui se passe

À la lecture de la fiche de préparation, il est possible, si le collaborateur n'a jamais eu d'entretien annuel, qu'il demande :

*« Des objectifs ? À quoi servent-ils ? Comment les définir ? »*

Si le collaborateur dit au manager :

*« À quoi servent les objectifs ? À nous évaluer ? À nous mettre en compétition les uns avec les autres ? À nous maintenir sous stress ? »*

Le manager doit noter ces questions puis comparer avec ce que nous préconisons comme réponse.

## Ce que nous préconisons

La définition des objectifs est traitée plus loin. Si la question de la nature et de l'intérêt des objectifs est posée au moment de l'annonce, le manager peut guider le collaborateur pour qu'il trouve la réponse, en utilisant le questionnement :

*« Selon toi, quel intérêt y a-t-il à se fixer des objectifs ? »*

Au terme de ce questionnement, le manager synthétise l'ensemble, en énonçant les quatre intérêts d'un objectif :

- atteindre un résultat ;
- canaliser l'énergie ;
- mesurer le chemin parcouru ;
- symboliser un contrat entre managé et manageur.

## La première loi du succès

Tous les individus qui réussissent ont un point commun, celui de s'être donné *un objectif*. Une étude réalisée sur une cohorte d'étudiants, 20 ans après l'obtention d'un diplôme, a donné le classement suivant, en termes de réussite professionnelle, d'épanouissement personnel dans une activité :

- les belles réussites sont le fait des 3 % qui avaient écrit leurs objectifs ;
- viennent ensuite les 10 % qui avaient en tête leurs objectifs ;
- les 87 % restant, sans objectifs, ont un niveau de réussite nettement au-dessous des précédents.

Les managers savent, en général, fonctionner avec des objectifs de performance, mais oublient souvent de se donner des objectifs de développement personnel dans les divers volets de leur existence.

# Fixer la date,
# se positionner en manager (+ +)

À ce stade, le collaborateur a saisi l'utilité de l'entretien, la nécessité de le préparer et l'intérêt de déterminer des objectifs. Il reste à fixer les modalités pratiques, notamment la date de l'entretien.

## Ce qui se passe

Au moment de fixer le jour de l'entretien, le manager doit éviter de laisser l'agenda de son collaborateur avoir la priorité sur le sien :

*« Je te propose le 12. » « Tu ne peux pas le 12 ? »*

*« Bon. Je vais te proposer une autre date. Qu'est-ce qui t'arrange ? »*

## Ce que cela provoque

Le manager valide le fait que son agenda n'est pas prioritaire. S'il a plusieurs entretiens à planifier, il va au-devant de difficultés. Dans la relation avec le collaborateur, il est passé en (– +) (voir *Positions de vie,* p. 63). C'est risqué dans la relation qui prévaudra au cours de l'entretien et pour son influence et son autorité sur le collaborateur.

## Ce que nous préconisons

*« Je te propose qu'on se voie le mardi 7 à 9 h ou le mercredi 18 à 14 h. »*

Le fait de proposer deux dates donne le choix au collaborateur (vérifier au préalable que le collaborateur ne va pas objecter qu'il est en formation ou en mission). Si le manager a bien appliqué les préconisations précédentes, le risque que le collaborateur lui réponde qu'il est indisponible à ces deux dates est minime. Si le cas survient, c'est qu'il existe une opposition dans l'esprit du collaborateur. Quoi qu'il en soit, le manager doit se poser en responsable hiérarchique de manière positive, pour lui et pour le collaborateur. Autrement dit, il se positionne en (+ +).

Le tableau croise deux axes :

- vertical : représentation de soi-même (positive en haut, négative en bas) ;
- horizontal : représentation de l'autre (positive à droite, négative à gauche).

Il permet de déterminer quatre façons de se positionner par rapport à autrui : (+ +), (+ −), (− +) et (− −). Le premier signe désigne la représentation de soi, le second celle de tout ce qui est extérieur à soi : l'autre, la société, la hiérarchie, le monde.

| Positions de vie | |
|---|---|
| **Représentation de soi +** | |
| (+ –) | (+ +) |
| Je me survalorise. Je dévalorise l'autre, ce qu'il fait. J'accuse : « *C'est de ta faute.* » <br> Je pense à la place de l'autre. Je dis : <br> « *Ne t'inquiètes pas, voilà ce qu'il faut faire.* » <br> J'éprouve du mépris ou de la pitié. <br> Expressions favorites : « *Oui, mais...* », « *La vérité, c'est...* » | Je m'accepte tel que je suis avec mes ressources et mes limites, mes points forts et mes points faibles. <br> Devant une difficulté, je ne cherche pas des coupables ni à me justifier, mais des solutions. <br> Devises (+ +) : « *Quelle est la question ?* » <br> Trouvons des solutions ensemble. |
| ◀ — **Représentation de l'autre –** — | — **Représentation de l'autre +** — ▶ |
| (– –) | (– +) |
| Je dévalorise tout : moi, l'autre, la vie. <br> Tendance au retrait, au cynisme, à torpiller toute proposition. Risque de sombrer dans le désespoir. Lassitude et démotivation. <br> Expression favorite : « *De toute façon, il n'y a rien à faire.* » | Je me dévalorise, je survalorise l'autre, ce qu'il fait. <br> Je dis : « *C'est de ma faute* ». J'attends que l'autre pense à ma place. Je m'inquiète car je crois que je ne sais pas. J'éprouve de l'admiration pour l'autre, de la honte ou de la culpabilité par rapport à moi-même. <br> Expressions favorites : « *Oui oui* », « *Excusez-moi* ». |
| **Représentation de soi –** | |

Dans la réalité de l'« ici et maintenant », la position la plus opérationnelle est (+ +). Pour autant, nous passons tous, plusieurs fois par jour, par chacune des autres positions. En outre, chacun a tendance, sous un stress excessif, à adopter l'une des trois positions comportant un « – ». Celles-ci sont des attitudes de défense, qui conduisent à de l'antimanagement ou à de l'anticommunication. L'essentiel est d'être conscient du positionnement adopté et de savoir comment faire pour revenir en (+ +), ce qui renvoie à la gestion des émotions.

# Fixer l'horaire en (+ +)

La démarche est identique à celle qui a été développée pour la fixation de la date.

## Ce que nous préconisons

Dans une intention (+ +), la formulation recommandée est :

*« Je te propose 9 h et je te demande de laisser libre le reste de la matinée ou de l'après-midi pour que ce soit confortable. »*

L'objectif de cette formulation est de tenir compte de la durée variable de l'entretien. Il peut durer une 1 h ou 1 h 30, voire 2 h. La durée proposée par le manager peut être perçue, a priori, comme trop courte (par des collaborateurs perfectionnistes) ou trop longue (par des collaborateurs trop centrés sur la tâche). Nous verrons, au moment du bilan source de progrès, les principaux messages contraignants (sois parfait, fais plaisir, etc.). En formulant ainsi sa demande, le manager montre qu'il est bien décidé à accorder du temps au collaborateur. Ces messages (+ +) consolident la confiance.

La meilleure pratique consiste à mener tout le processus en (+ +), en restant attentif aux diverses positions qu'adoptera le collaborateur au cours de l'entretien.

En fonctionnant en (+ +), le manager va développer sa capacité à parler vrai, sans heurter l'autre ni trahir sa mission. Il influencera avec intégrité, c'est-à-dire sans manipuler, ni céder aux jeux psychologiques (nous verrons ce phénomène plus loin) qui sont toujours déstabilisants, stressants, démotivants. Cette manière de faire augmente la motivation, l'efficacité et le plaisir de travailler des collaborateurs. Pour y parvenir, il faut être conscient de la façon dont on se positionne dans la vie – de manière ponctuelle ou durable – par rapport aux autres.

## Manager les émotions

Le tableau suivant est très pratique pour entretenir des relations constructives. Il est essentiel dans le management moderne, qui prend en compte deux leviers majeurs du comportement humain : les croyances et les émotions. Manager les croyances, c'est explorer le cadre de référence du collaborateur et l'aider à accéder lui-même à la meilleure solution pour le manager, pour lui et pour l'activité. Manager les émotions, ce n'est pas manager à l'affectif (par la terreur par exemple), mais savoir que les moteurs des actions humaines sont les émotions, qu'il faut les identifier, les canaliser et en garder l'énergie.

| Positions de vie et émotions | |
|---|---|
| (+ −)<br>Si la réalité ne se conforme pas à mes vœux, je suis enclin à la colère. | (+ +)<br>Je ressens les émotions (peur, colère, tristesse, joie) appropriées à la situation et les canalise grâce à la centration. |
| (− −)<br>Si la réalité ne se conforme pas à mes vœux, je suis enclin à la tristesse. | (− +)<br>Si la réalité ne se conforme pas à mes vœux, je suis enclin à la peur. |

# Rappel concernant les positions de vie

Nous avons adopté nos positions favorites dans l'enfance, avant l'âge de sept ans, et elles n'ont cessé depuis d'influencer nos modes de pensée et nos comportements. Ainsi, certains, victimes de leur éducation, se sont figés dans des positions de non-vie. Chez ces personnes, la colère, la peur ou la tristesse sont tellement enracinées que le travail d'expression et d'expulsion de ces émotions nécessite une aide extérieure.

| Positions de vie et conflits | |
|---|---|
| (+ −)<br>Compétition.<br>Je gagne, tu perds.<br>(Compétition archaïque) | (+ +)<br>Coopération.<br>Je gagne, tu gagnes.<br>(Accepter la vraie compétition : entendre et intégrer un point de vue différent du mien pour être créatif avec l'autre.) |
| (− −)<br>Destruction.<br>Je perds, tu perds. | (− +)<br>Compétition archaïque.<br>Je perds, tu gagnes. |

# Lieu de l'entretien et accord du collaborateur

Comme pour la date et l'horaire, la détermination du lieu où se déroulera l'entretien n'a rien d'anodin, car c'est un acte majeur du management.

## Choix du lieu

### Ce qui se passe

Date et heure sont donc fixées. Le collaborateur demande alors :

*« Où l'entretien se déroulera-t-il ? »*

Certains managers choisissent une salle de réunion ou un bureau en libre service, car, de leur point de vue, c'est un terrain neutre. D'autres choisissent un restaurant car c'est plus convivial.

### Ce que cela provoque

L'apparence de neutralité ou de convivialité fait craindre une possible manipulation. Le manager risque de manipuler (+ −) sans le vouloir et d'être accusé de manipulation !

### Ce que nous préconisons

Le manager doit respecter au moins trois critères :
- confidentialité : isolation phonique et visuelle. Personne ne doit entendre ce qui se dit, ni voir ;

- calme : pas d'appel téléphonique (ni au manager ni au collaborateur) ;
- convivialité : si possible, s'asseoir à la petite table de réunion qui se trouve dans le bureau du manager.

Nous recommandons au manager de dire :

*« Notre entretien se déroulera dans mon bureau. »*

Si le manager n'a pas de table, il doit arranger son bureau. S'il n'a pas de bureau, il doit demander celui de son n + 1 ou une salle de réunion. Dans tous les cas, il doit respecter les trois critères précités.

# Accord du collaborateur

## Question de contrôle

Le manager vérifie ensuite qu'il ne subsiste aucune ambiguïté, en évitant les formules pièges du type : *« C'est clair ? »*. En général, le collaborateur pense qu'il a intérêt à répondre : *« C'est clair ! »*. Mais aussi : *« Des questions ? »* ou *« Pas de question ? »*. Ou encore : *" Si tu as des questions pendant la préparation, n'hésite pas à m'appeler. »* La proposition est pertinente, mais prématurée.

## Ce que cela provoque

Ne pas insister auprès du collaborateur pour qu'il (se) pose des questions à ce stade, fait prendre un risque au manager : celui que le collaborateur se pose des questions au cours de la préparation et qu'il ne les lui adresse pas. Dès lors, des interrogations, voire des ambiguïtés, persisteront.

## Ce que nous préconisons

Au lieu de poser une question fermée, le manager demande :

*« Quelle question as-tu par rapport à tout ce que je viens de te dire ? »*

Cette question de contrôle permet au collaborateur d'identifier et de formuler d'éventuelles interrogations, inquiétudes ou oppositions qui pourraient subsister. Le manager évite ainsi une erreur fatale : en qualité de relation, en temps, en énergie, en pertinence de l'information. Cette question est d'autant plus utile que le collaborateur ne s'exprime pas facilement.

Le manager observe le collaborateur au moment où il répond, au cas où il dirait *« Pas de question »*, afin de vérifier si son langage non-verbal n'exprime pas autre chose.

Le fait de pouvoir exprimer ses questions sur l'entretien d'évaluation lève, en général, les derniers freins du collaborateur. Ses questions peuvent porter sur les phases de la fiche qu'il vient d'avoir. Comme le manager s'est entraîné à répondre aux questions de la fiche « Préparer mon entretien », il saura répondre avec pertinence.

## Mémo de la fiche d'annonce

- Phrase d'introduction
- Explorer le cadre de référence de l'autre
- Reformuler avec ses termes
- Compléter (et recadrer si nécessaire) en quoi consiste l'entretien de développement dans l'entreprise concernée.
- Demander la préparation.
- Fixer date, durée et lieu.
- Poser la question de contrôle.

Attention : ne pas commencer pour autant l'entretien dans l'annonce. Le processus préconisé prend de 2 à 5 minutes avec un collaborateur familier de l'entretien, 10 minutes avec un nouveau collaborateur.

Il prendra plus longtemps avec un collaborateur réticent, non motivé ou en opposition déclarée. Ne pas hésiter à investir ce temps.

# Contexte et processus de croissance

Il est question ici de votre capacité à « manager en souplesse », c'est-à-dire d'être capable d'intégrer les éléments environnants et de vous mettre dans une dynamique d'évolution.

## Contexte

Dans le système à trois pôles « moi, l'autre, le contexte », nous avons insisté sur la nécessité d'explorer le cadre de référence de l'autre. Il reste à prendre en compte les spécificités du contexte :

*« À quel moment (mois, année, carrière du collaborateur) l'entretien d'évaluation se déroule-t-il ? »*

*« Quels sont les événements en cours dans l'organisation ? »*

*« Le collaborateur présente-t-il des spécificités qui exigent des précautions particulières ou un recadrage ferme ? »*

*« Les commentaires que je m'apprête à faire, en tant que manager, relèvent-ils de l'entretien d'évaluation ? »*

Si l'on analyse le contexte, on trouvera que des choses peuvent être justes, mais que ce n'est pas le moment de les dire ou bien que la situation est inappropriée. La question à se poser est celle de l'adéquation du discours à la situation : savoir si l'autre est, au moment de l'échange, en bonne capacité d'entendre ce qu'on s'apprête à lui dire. Cela peut sonner comme une évidence, mais les exemples de comportements contreproductifs à cet égard sont nombreux.

# Processus de croissance

Les comportements (+ −) sont le fait de managers qui confondent fermeté et brutalité, rigueur et rigidité, affirmation de soi et autoritarisme :

*« Je dis ce que je pense quand je veux, à qui je veux et je ne prends pas de gants. »*

*« C'est mon caractère, je suis un type carré, et l'on ne me changera pas. »*

À l'inverse, certains managers agissent selon la croyance suivante :

*« Je tais ce que je pense, je ne parle pas directement aux personnes concernées et j'utilise la manipulation. De toute façon, dans ce monde, c'est chacun pour soi et ce qui compte, c'est l'efficacité. »*

L'une et l'autre options font plus de dégâts qu'elles ne font avancer. Elles sont parmi les facteurs majeurs de démotivation des collaborateurs.

Notre préférence est radicalement opposée à ces comportements (+ −). Le manager qui recherche une efficacité durable doit s'engager lui-même et engager ses collaborateurs dans un processus de croissance. En effet, le contexte de l'entretien est propice à des jeux de pouvoir, qui provoquent inefficacité, méfiance et malaise. L'entretien d'évaluation est l'exercice par excellence où le manager peut s'exercer à éviter ces jeux de pouvoir.

## Application du processus de croissance

Étape 1 : <u>prise de conscience</u>, nécessaire mais pas suffisante.

Étape 2 : <u>acceptation sans jugement</u>. Je suis capable de repérer l'erreur que je viens de commettre. Par exemple, je n'ai pas fonctionné en (+ +) et je me dis : « *Bravo, je le vois !* », au lieu de me flageller à coups de « *Je ne suis pas bon…* ». Les voix internes peuvent nous freiner. Il importe de bien distinguer fatalisme et aptitude à ne pas s'énerver : « *Si je peux, je fais quelque chose ; sinon, j'accepte.* » Ce n'est pas du fatalisme, c'est accepter les choses comme elles sont.

Ces deux phases, essentielles, suffisent à provoquer une transformation ; souvent, le comportement inapproprié disparaît. Cela consiste à développer le témoin (se souvenir de l'importance de la centration).

Étape 3 : accélérer la croissance, en augmentant l'image qu'on se fait du comportement souhaité. Par exemple, si on a du mal à dire non, se visualiser en train de le dire.

Étape 4 : transformation : elle a lieu quand on passe à l'action c'est-à-dire : poser un acte différent dans le réel, réaliser ce qu'on avait du mal à faire jusque-là.

# Conclusion de la phase d'annonce

En réponse à la question posée en fin d'introduction, la phase essentielle est certes l'annonce, parce que c'est le moment où le manager :

- tisse ou restaure la confiance ;
- montre au collaborateur qu'il l'écoute ;
- vérifie que le collaborateur perçoit la finalité de l'entretien ;
- donne des repères et des axes de travail, la documentation de préparation et son mode d'emploi ;
- recueille des informations précieuses pour lui dans la suite du processus ;
- « installe » le collaborateur dans une démarche tournée vers le futur.

## Résumé des clés

- Cadre de référence.
- Centration.
- Processus d'apprentissage.
- Pitonnage.
- Positions de vie.
- Orientation solution.
- Trois pôles : moi, l'autre, le contexte.
- Relation d'objet, relation de personne.
- Processus de croissance.
- Question de contrôle.

Ces clés constituent un équipement de base, utile dans toutes les situations de management, voire au-delà.

## Savoir son texte

Utiliser la fiche mémo « Annonce » proposée, en veillant à savoir son texte avant de rencontrer le collaborateur.

Se souvenir de l'objectif de départ : au terme de la phase d'annonce, le manager a agi de telle sorte que, avant même de préparer l'entretien, le collaborateur en a une représentation positive.

## Noter ses découvertes

Si les entretiens que le manager mène avec ses collaborateurs se passent bien et qu'il est satisfait des résultats, tant mieux ! Si la lecture de ce chapitre lui permet d'identifier un ou plusieurs points pour lesquels il doit transformer sa pratique, il est utile de les noter.

**E**xemple ______________________________________

Je suis confronté à une situation stressante et déstabilisante (agression verbale, violente, critique, manipulation). Au lieu de regarder la réalité et de chercher des solutions avec lucidité (le propre de la position de vie [+ +]), je cède à la colère et/ou à la peur et/ou à la tristesse. Je réagis de façon automatique, en cherchant à me protéger. J'enclenche un mécanisme de défense et je retrouve une position de vie (+ −) ou (− +), c'est-à-dire inefficace. Heureusement, je m'en rends compte !

J'opère alors une centration qui me permet de recouvrer ma lucidité. Je me dis que je viens de passer en (+ −) et que je dois développer mon écoute. Puis je m'interroge et je reformule ou bien je me dis que je viens de passer en (− +) et que je dois m'affirmer. J'ose donc m'exprimer clairement sur un point donné et dire ce que je veux. Je viens d'appliquer à moi-même le processus de croissance.

## Allez vers le (+ +)

La première étape vers la position de vie (+ +) est la prise de conscience de ses propres fonctionnements et dysfonctionnements.

## Passez du pourquoi au comment

L'orientation solution est une clé du management de soi et des autres. Nous vous invitons à l'adopter tout au long de l'année.

Partie 2

# PRÉPARATION

# Bilan positif, considérer les réussites

On entend par « réussite », le fait d'avoir atteint un objectif. Or, il peut y avoir d'autres réussites, dans la mesure où sont apparus des éléments plus importants que les objectifs fixés l'année précédente. De plus, il a pu survenir dans le contexte des événements auxquels le collaborateur a su réagir de façon notoire.

## Ce qui se passe

Le manager se fonde sur les objectifs mentionnés dans la synthèse d'entretien de l'année précédente.

Attention à l'effet de halo : quand le collaborateur a réussi quelque chose dans la semaine précédant l'entretien d'évaluation, le manager va colorer l'entretien de cette réussite. *A contrario*, s'il y a eu un échec, le manager risque de « polluer » l'entretien avec une vision négative.

Cet effet de halo est facilement observable. Si vous arrivez dans une entreprise et que, dans la première semaine, votre nom est associé à une réussite, il vous faudra faire beaucoup d'erreurs pour que la direction s'avise que vous n'êtes pas adapté au poste. En revanche, il vous faudra encore plus de succès pour gommer une mauvaise image de départ.

## Ce que nous préconisons

### Trouver trois réussites

Le manager s'interroge sur les trois réussites du collaborateur au cours de l'année. Ainsi, il aura une vision plus large et intégrera ce qui a pu se passer dans l'année et qui dépasse les objectifs. Il y trouvera aussi des pistes de développement à moyen terme : développement des connaissances, du savoir-faire et du savoir être.

Il pourrait se contenter d'une ou deux réussites, d'autant que la troisième n'apparaît pas toujours à l'évidence. L'intérêt réside justement dans cet effort qui conduit l'évaluateur à regarder autrement le collaborateur et à prêter attention à des domaines considérés, a priori, comme secondaires. Cela suppose une collecte d'informations tout au long de l'année.

## Se faciliter la tâche

Cette collecte permettra au manager de ne pas être, la veille de l'entretien, contraint d'opérer un gros travail de mémorisation. Pour cela, il est utile, chaque mois, de noter les faits marquants venant (ou à propos) du collaborateur. Lors de l'entretien, il disposera ainsi d'éléments qui lui permettront de faciliter le feed-back et lui éviteront l'effet de halo.

## Quels critères retenir ?

Le manager note :

*« Ce point est une réussite pour moi parce que… »*

Ce qui représente une réussite pour le manager n'en sera pas forcément une pour le collaborateur. Un ajustement des cadres de référence sera à opérer au moment de l'entretien.

## Remarque importante

Les pages qui suivent sont consacrées à la manière de passer d'un bilan du négatif à un bilan source de progrès. Nous lui dédions plus de pages qu'au bilan positif pour la raison suivante : au stade de la préparation, il importe de tout placer dans une perspective positive et opérationnelle. C'est pourquoi le traitement du négatif appelle une attention particulière.

## Fiche de préparation du point de vue du manager

- Dossier de l'année précédente.

- Quelles sont les trois réussites de mon collaborateur ?

- Qu'est-ce qui m'incite à dire que c'est une réussite ?

- Quels sont ses trois échecs ou points à améliorer ?

- Qu'est-ce qui m'incite à dire que c'est un échec ou insuffisant ?

- Objectifs pour l'année à venir.

- Perspectives à plus long terme.

# Transformer un bilan négatif en bilan source de progrès

Il s'agit, dans cette phase de la préparation, non pas d'occulter ou de gommer les échecs du collaborateur, ou ses demi-réussites, mais d'en tirer des éléments constructifs.

## Ce qui peut se passer

Constatant les échecs du collaborateur, le manager sera tenté par plusieurs positions de vie (voir p. 63).

## Position de vie (+ −)

*« À mon avis, le problème n'est pas qu'il ne sait pas, mais qu'il ne veut pas. Je vais le confronter sérieusement. »*

## Position de vie (− −)

*« Il n'y a rien à attendre de ce collaborateur. »*

*« Je ne sais vraiment pas quoi faire de lui, ni comment le motiver, ni comment m'en débarrasser. »*

## Position de vie (− +)

*« Je le mets en situation d'échec. »*

*« Je ne sais pas m'y prendre. »*

*« Il va falloir que je passe beaucoup plus de temps avec lui et que je trouve pourquoi il ne réussit pas. »*

# Ce que nous préconisons

Nous suggérons au manager, dans les cas présentés, d'adopter une démarche orientée solution, comme nous allons le voir maintenant.

## Identifier les échecs, les demi-réussites

Un échec peut être une non-atteinte d'objectif ou l'absence d'amélioration de la prestation, sur tel ou tel point, ou la stagnation à un niveau non satisfaisant.

Faire le lien avec les objectifs de l'année précédente et/ou les possibilités de progrès survenues dans l'année et « ratées » par le collaborateur.

## Prendre conscience de ses critères

*« Qu'est-ce qui me fait dire que tel résultat est un échec ? »*

Il s'agit de se faire une idée juste de la prestation et de l'évolution du collaborateur. Le terme « juste » signifie ici « fondé sur les critères les plus objectifs possible et cohérents avec votre ressenti » :

*« Qu'est-ce qui me fait penser et ressentir que telle réalisation (du collaborateur) est un échec ? »*

## Quid du contexte ?

Les difficultés du collaborateur sont dues parfois à des éléments de contexte qui ont sans doute échappé au manager au cours de l'année. Il peut s'agir de problèmes organisationnels, tenant aux processus de communication et de production, dont le collaborateur pâtit. Il peut aussi s'agir de problèmes relationnels : les choses ne se passent pas au mieux entre le collaborateur et ses interlocuteurs. Il faut, dans ce cas, identifier en quoi un changement de comportement chez lui pourrait améliorer les choses.

## Un deuil en cours

Le collaborateur ne parvient pas à réussir dans un domaine nouveau ou après un changement survenu dans l'équipe : départ d'un collègue, arrivée d'un nouveau manager. Il est possible qu'un processus de deuil (voir p. 88) soit en cours. Tant qu'il ne sera pas terminé, l'individu pourra éprouver des difficultés à se tourner vers le futur, le « *Comment ?* » et la réussite.

## Passer d'une perception négative à une perspective opérationnelle

Quels que soient les critères qui font conclure à un échec, le manager transforme ses jugements, ses critiques, ses reproches, ses mécontentements ou insatisfactions en demandes. C'est un réflexe à installer dans son management au quotidien, car c'est une démarche de croissance pour le collaborateur et pour lui.

Au lieu de demeurer sur un constat d'échec et sur un questionnement tourné vers le passé (pourquoi), le manager a intérêt à se demander :

« *Qu'est-ce que j'attends de telle personne ?* »

Et à formuler ses attentes en termes constructifs : passer du pourquoi au comment. C'est par une telle démarche qu'un bilan de ce qui a paru négatif devient une source de progrès. Nous allons voir comment s'y prendre.

# Du pourquoi au comment

| Passé | Présent | Futur |
|---|---|---|
| Du pourquoi | Au | Comment |
| Rechercher les causes, les responsabilités et les fautes. | → | Rechercher les moyens à mettre en œuvre. |
| Être passif, se complaire dans son échec. | → | Être pro-actif et se donner les moyens du changement. |
| Culpabiliser (se justifier). | → | Se responsabiliser (clarifier les choses). |
| Se poser en victime. | → | S'affirmer. |
| Porter des jugements négatifs sur soi. | → | Développer l'estime de soi. |
| Lier ses actes/erreurs aux actes des autres. | → | Développer son autonomie. |
| Se limiter par des considérations de devoir, de pouvoir, de mérite. | → | S'ouvrir aux possibles, accéder à ses ressources personnelles. |
| S'éloigner de ce qu'on ne veut plus. | → | Aller vers ce que l'on souhaite. |

# Passer du pourquoi au comment

Le tableau précédent donne quelques axes porteurs de cette évolution. Voici un exemple de démarche – préciser, concrétiser, valider des attentes – applicable concrètement.

## Préciser ses attentes

### Questions clés : « comment ? », « quoi d'autre ? »

Piton 1 :*« Qu'est-ce que j'attends de X ? »*

Autrement dit :*« Comment serait-il bon en organisation ? »*

Réponse :*« Pour moi, X sera bon en organisation, s'il fait telle chose [action A] »*

Piton 2 :*« Si X réalise l'action A, me sentirai-je satisfait ? »*

Réponse :*« Pas sûr… »*

Piton 3 :*« Quoi d'autre ? »*

Réponse :*« Il faudrait aussi que X réalise [action B] en production ou en accueil. »*

Piton n :*« Est-ce que, après avoir lu toute la liste (A, B, …) de ce que je souhaite voir faire par X, je me sens bien ? »*

S'il y a hésitation, c'est qu'il manque un élément. Il faut se poser la question clé : *« Quoi d'autre ? »*. Ainsi, vous aurez exploré votre propre cadre de référence et traduit vos attentes en termes opérationnels.

## Concrétiser et valider son attente, en visualisant les résultats souhaités

Plusieurs cas peuvent se présenter :

- à la question « *Quoi d'autre ?* », vous ne savez pas quoi répondre ;
- vous savez quoi répondre, mais vous ne voyez pas comment cela se concrétisera ;
- votre sensation que X n'est pas bon dans tel domaine n'est que globale, car vous n'avez rien de précis à lui reprocher.

Dans tous ces cas, le manager procède par prévisualisation afin d'imaginer en quoi le collaborateur pourrait lui donner davantage satisfaction. Il développe ainsi sa capacité à s'orienter solution et à poser de bons objectifs. Un bon objectif a la qualité, entre autres (nous le reverrons dans la phase « Entretien » proprement dit, au moment de la détermination d'objectifs), d'être mesurable, c'est-à-dire perceptible par les sens (observable, audible, vérifiable par le sujet et par autrui).

Adopter cette démarche de prévisualisation, c'est constater son utilité. Elle sera indispensable quand le manager en sera à déterminer des objectifs qualitatifs.

## S'entraîner en préparant son propre entretien

Entraînez-vous en identifiant vos propres échecs de l'année écoulée.

Trouvez-en trois et questionnez-vous :

- qu'est-ce qui me fait dire (penser, ressentir) que tel résultat est un échec ?
- quel est le besoin non satisfait ? (un ou plusieurs)
- quelle ressource devrai-je mettre en œuvre, si la même situation se représente, pour répondre à ce ou ces besoins ?
- quel(s) bon(s) objectif(s) pourrais-je me donner ?
- que pourrais-je observer, entendre, qui me prouverait que j'ai atteint tel objectif ?

## Prévisualisation de bons objectifs, un outil fort utile

Le manager doit se poser différentes questions, qui le font progresser dans son action. En voici une liste non-exhaustive.

- En quoi l'objectif que j'envisage sert-il mes objectifs de manager pour l'unité (équipe, service, …) ?
- Quels bénéfices l'atteinte de cet objectif me procure-t-elle en tant que manager ?
- Quels bénéfices pour le collaborateur ?
- À quoi vais-je constater que l'objectif est atteint ?
- Que vais-je pouvoir voir (vérifier par le canal visuel) ?
- Que vais-je pouvoir entendre (vérifier par le canal auditif) ?
- À quelle fréquence vais-je voir (ou ne plus voir) ou entendre (ou ne plus entendre) ?
- À quoi les autres vont-ils pouvoir vérifier que mon collaborateur a atteint son objectif ?
- Quels sont les facteurs qui peuvent me conduire à réévaluer l'objectif ?
- Quelles peuvent être les conséquences négatives de la réalisation de cet objectif ?
- Quels sont les obstacles éventuels à la réalisation de cet objectif ?
- Quelles sont les solutions positives pour les surmonter ?
- Quelles ressources sont nécessaires pour atteindre l'objectif ? Celles qui sont déjà disponibles ? Celles qu'il faut acquérir ?
- Quel plan d'action envisager d'ores et déjà ?

# Processus de deuil

Chacun a connu ou connaîtra ces périodes où ce qui lui était cher a disparu ou est en voie de disparition : promotion non obtenue, mutation, licenciement, perte d'un animal, perte d'un être cher.

## Ce qui se passe

### Annonce

La personne est encore sous le choc de ce qui vient d'advenir.

### Déni

Une fois le choc passé, la personne « n'y croit pas ». La nouvelle réalité est trop inconfortable pour être admise. Un mécanisme d'anesthésie est à l'œuvre (protection du cerveau). La personne a l'illusion que la réalité va redevenir telle qu'elle lui convenait.

### Colère et marchandage

La personne comprend qu'il n'en est rien, se révolte, cherche encore à changer ce qui lui arrive et réclame contreparties et compensations.

### Tristesse

Au-delà de cette négociation, la personne accède à sa tristesse. Elle s'autorise à pleurer ce qu'elle n'a plus, ce qu'elle n'est plus.

### Peur

L'individu se demande ce qu'il va devenir sans la personne, l'objet, la position, la tâche ou le chef « d'avant ». Contacter sa peur équivaut, dans ce processus, à toucher le fond. La peur (que vais-je devenir sans… ?) renvoie à sa propre mort, thème tabou s'il en est.

### *Acceptation de la réalité*

Arrive ensuite le lâcher prise. Le sujet arrête de réagir et de résister à ce qui est arrivé. Il renégocie avec lui-même comment vivre la nouvelle réalité. Il est capable de s'investir dans un nouveau projet.

### *Nouvel investissement*

Il peut y avoir certains « aller-retour ». Si le sujet peut, sans remontée émotionnelle, repenser à l'objet perdu, le processus de deuil est fini.

## Ce que nous préconisons

### À tout un chacun

Chaque étape du processus a son utilité. En tant que sujet concerné, il faut éviter de passer du stade « annonce » ou « déni » au stade « nouvel investissement ». Le fait de ne pas contacter ses émotions ou les refouler fera courir à la personne un gros risque par la suite. On parle de « saut de Tarzan », avec des comportements de substitution : manger, fumer, travailler excessivement, se lancer dans un grand nombre de nouvelles activités, pour éviter de palper la souffrance. Ce type de comportement est destructeur. Mieux vaut accepter d'entrer dans le processus et le vivre étape par étape, quitte à se faire aider.

### À tout manager

Tout au long de l'année, à l'aide d'un questionnement orienté vers le comment, le manager accompagne le collaborateur dans le passage d'une phase à l'autre. Dans la phase « choc de l'annonce et déni », il laisse à l'autre le temps d'intégrer l'information.

Face à la colère du collaborateur, même s'il a préparé (documents à l'appui, explications et mises en perspective intéressantes), le manager doit admettre qu'il ne pourra peut-être pas entendre son propos, ni comprendre ce qu'il y a de bon pour lui dans la nouvelle réalité. Il faut laisser les émotions se ventiler. Ce n'est pas le moment de négocier.

Devant la tristesse et la peur du collaborateur, il ne faut pas tenter de minimiser ou de relativiser les choses. Dans l'entreprise, il est fréquent d'entendre : « *C'était mieux avant ! »*. Le manager rappelle simplement que la vie se vit ici et maintenant, signifie à son interlocuteur qu'il comprend son émotion. Cela contribuera à ce qu'il les exprime et qu'il évite de les retourner contre lui. Par exemple, une personne qui est restée « coincée » en tristesse et en peur risque de faire une déprime. Il est possible qu'elle ne soit pas allée assez loin dans l'expression de sa colère. En l'aidant à l'exprimer, le manager l'accompagne dans le processus de deuil.

## Auto-diagnostic

Êtes-vous engagé vous-même dans un processus de deuil ? De quoi s'agit-il ? Quelle étape êtes-vous en train de vivre ?

# Savoir dire non, savoir dire quand ça ne va pas

Le travail précédent conduit le manager à faire saisir au collaborateur ce qui ne va pas. C'est un sujet sur lequel achoppent souvent les managers.

## Ce qui se passe

Tel manager a du mal à dire non. Il craint de mettre en danger la paix sociale ou la relation. Ou bien il s'imagine que, pour être un bon patron, il faut dire oui à tout, faire plaisir (voir « les petites voix »).

Nous constatons souvent que des managers, dès la préparation, font l'impasse sur les points trop épineux à soulever (pensent-ils) ou décident de ne pas recadrer certains collaborateurs, trop « réactifs » selon eux. Or, c'est justement avec ces collaborateurs réactifs qu'il y a des points épineux à soulever.

Comme les managers sont des êtres humains, ils vont, à un moment donné, laisser transparaître qu'ils disent oui alors qu'ils pensent le contraire.

## Ce que cela provoque

En ne formulant pas ce qui ne lui convient pas, en laissant s'installer le flou entre ce qu'il dit et ce qu'il pense vraiment, le manager s'expose à plusieurs risques :

- il demeure dans l'incapacité à poser son autorité ;

- le collaborateur croit, à tort, donner satisfaction et demeure dans l'illusion ;

- il soupçonne le décalage entre la pensée et la parole du manager et en conclut que ce dernier a peur de lui dire les choses en face et/ou qu'il veut le manipuler ;

- il renforce les croyances négatives qu'il nourrissait peut-être déjà (j'ai bien raison de ne pas avoir confiance, etc.) ;

- les points litigieux ne sont pas abordés, rien n'est fait pour les résoudre : les choses ne peuvent qu'empirer et il en coûtera de plus en plus cher de les résoudre (politique de l'autruche).

## Ce que nous préconisons

### Ne pas dire oui à tout

Considérons le manager qui a du mal à dire non. Imaginons qu'un jour, il comprenne qu'il a le droit et le devoir de dire non. Or, un collaborateur arrive et il s'entend dire oui alors qu'il devrait dire non. Que faire ?

1. Réfléchir, afin de prendre conscience du positionnement (− +) qu'il a adopté, qu'il a failli accepter quelque chose qui, confusément, ne lui convient pas.

2. S'accepter lui permet de prendre conscience qu'il est en (− +).

3. Projeter le comportement adéquat, en posant ses demandes en termes adaptés, positifs et opérationnels (voir encadré ci-après).

4. Le mettre en œuvre dès qu'il le faudra.

Ce type d'autorégulation s'applique à nombre de situations de management et pas seulement à l'entretien d'évaluation. Dès que ça ne va pas avec quelqu'un, prenez le temps de vous recadrer ainsi.

**Savoir dire ce qui ne va pas**

Transformer ses insatisfactions en demandes opérationnelles (voir p. 83). En s'y entraînant systématiquement, le manager se sentira de plus en plus en position de puissance (+ +). Il fera alors une double expérience :

- celle de poser des demandes issues de ses besoins de manager ;
- celle de redonner ou de laisser à l'autre la responsabilité de ses actes.

Il amorcera ainsi un cercle vertueux. Dès lors, il ne craindra plus que l'expression de son insatisfaction déclenche un malaise.

## Processus de croissance

Ouvrir son cadre de référence, faire ressentir des choses nouvelles, afin d'être, à son propre égard, dans une démarche (+ +), axée « objectifs, orientée solution », porteuse de résultat.

### Processus

- Prise de conscience nécessaire mais pas suffisante.
- Acceptation sans jugement. On est capable de repérer l'erreur que l'on vient de commettre et de se dire : « *Bravo, je le vois !* », au lieu de se flageller, à coups de « *Je ne suis pas bon…* ». Les voix internes peuvent nous empêcher, nous freiner. Il importe de distinguer fatalisme et aptitude à ne pas s'énerver : « *Si je peux faire quelque chose, je le fais, mais si je ne peux pas, je reste là et j'accepte. Ce n'est pas du tout du fatalisme, c'est accepter les choses comme elles sont.* »

Ces deux phases, essentielles, suffisent à provoquer une transformation. Souvent, le comportement approprié disparaît. Cela consiste à développer le témoin (cf. l'importance de la centration).

- Si on souhaite accélérer la croissance, améliorer l'image qu'on se fait du comportement souhaité (par exemple, si on a du mal à dire non), se visualiser en train de le dire.
- La transformation a lieu quand on passe à l'action : poser un acte différent dans le réel, faire ce qu'on avait du mal à faire jusque-là.

# Savoir dire non, quand ça ne va pas (2)

Au cours de l'entretien, le choix d'un discours adapté à la situation et à la personne sera particulièrement bénéfique à l'entretien, mais aussi à la suite de la collaboration entre les personnes en présence. Il est utile d'y avoir réfléchi avant l'entretien.

## Tenir compte de l'expérience du collaborateur

### Ce qui se passe

Ne pas tenir compte du degré de maturité du collaborateur entraîne des risques. En effet, en appuyant sur ce qui ne va pas, le manager y donne de l'importance et cela ne facilite pas la mise en œuvre. Cela entraîne la personne critiquée à se justifier (− +), à se rebeller (+ −) et fait naître des jeux de pouvoir. C'est inefficace, voire contre-productif !

### Ce que nous préconisons

Si le collaborateur a déjà de l'expérience, une certaine confiance en lui, il faut parler de ses trois plus beaux « plantages ». Cela dédramatise l'échec, en le transformant en occasion d'apprendre.

Si le collaborateur est peu expérimenté, moyennement assuré dans son rôle, s'il ne s'autorise pas l'échec, s'il est sous l'emprise de messages contraignants (sois parfait par exemple), il vaut mieux parler de points à améliorer.

Ces nuances procèdent d'une intention constructive et d'un souci d'efficacité dans le déroulement de l'entretien.

# Se dégager des pressions du contexte

## Ce qui se passe

Dans certaines organisations, la relation manager-managé est tellement verrouillée par des rapports de force et des jeux de pouvoir que la notion même de sanction, voire de responsabilité, fait sourire. Le manager s'abstient peu à peu de toute critique par défaitisme (– –) ou par peur des retombées (– +). Pire encore, il se satisfait du verrouillage existant (présumé existant parfois) pour ne pas prendre la responsabilité de recadrer, ni le risque d'écorner son image, ni celui d'un conflit. En fait, le manager manipule.

Ailleurs, c'est un management par la terreur qui subsiste ou bien se développe. « On » (hiérarchie) n'envoie aux collaborateurs que des critiques non constructives (+ –), avec abus de signes de reconnaissance négatifs, portant à la fois sur les prestations des collaborateurs et leur personnalité. « On » se targue de savoir dire les choses. En fait, « on » terrorise.

## Ce que nous préconisons

En développant la capacité à dire ce qui ne va pas, tout en maintenant la relation de confiance avec le collaborateur, le manager s'inscrit dans une troisième voie (+ +), où il n'utilise ni la complaisance ni la persécution : *le management en puissance*. Il opère ainsi un changement radical d'axe culturel.

Pour de nombreux managers, ces transformations dans le regard et dans l'expression déclenchent un changement salutaire dans leur pratique managériale.

# Employer des termes adaptés

## Exclure les phrases accusatoires

Ces énoncés commencent par une mise en cause de la personne. Il faut critiquer, s'il y a lieu, les actions réalisées par la personne. Par exemple :

*« La prestation que tu as fournie sur tel chantier n'est pas satisfaisante pour les raisons suivantes. »*

## Éviter les généralisations

Au lieu d'employer des mots trop généralistes, entre autres, « tous », « toujours », « jamais », « rien », il est utile de préciser à quel degré, en quelles circonstances, les personnes concernées…

Les phrases toutes faites, comme *« La vie est un combat. »* ou *« Il n'y a qu'un seul chemin. »*, sont à proscrire. Il vaut mieux préciser qui dit cela, afin de se projeter dans l'idée énoncée : est-ce que c'est votre avis ? Comment en êtes-vous arrivé à cette conclusion ?

De plus, il est recommandé d'identifier les freins liés à des notions de pouvoir et de devoir. Par exemple, si vous pensez : « il faut » ou « on ne peut pas », demandez-vous : *« Que se passerait-il si cette règle n'était pas respectée ? »* ou *« Qu'est-ce qui empêche de… ? »*

# Manager en puissance

La notion de puissance n'a rien de commun avec la pression, la domination, l'intimidation, la manipulation, la rigidité, la brutalité ou la violence.

Manager en puissance signifie, entre autres :
- faire de ses émotions des moteurs pour l'action ;
- intégrer des éléments a priori antinomiques, savoir sortir par le haut d'une situation bloquée, à accueillir le nouveau ;
- avoir un contact serein avec son « ombre » ;
- décider juste plus vite ;

- développer son intuition ;
- toujours disposer d'une réserve ;
- libérer et canaliser les énergies.

La puissance n'est pas une fin en soi. L'essentiel est que chacun discerne ce qui a du sens pour lui, qu'il comprenne où est sa puissance et qu'il mette cette puissance au service de ce qui a du sens pour lui. Notre démarche vise, au-delà des compétences relationnelles et managériales, l'épanouissement des individus.

## Management juste

Toute la démarche que nous préconisons dans cet ouvrage relève du « management juste » qui consiste, en résumé à :

1. être centré « Savoir ce que je veux et être stable émotionnellement » ;
2. être complètement à l'écoute de l'autre en particulier si le point de vue de l'autre est différent du mien ;
3. être lucide sur le contexte ;
4. accepter avec sérénité la tension engendrée par deux points de vue non directement compatibles ;
5. accueillir des options nouvelles.

# Une première définition d'objectifs

À ce stade, vous vous êtes dégagé des représentations négatives, vous avez une idée de comment signifier ce qui ne va pas, vous êtes orienté « comment ». Il est temps de passer à une première formulation d'objectifs. Ils seront négociés au cours de l'entretien.

## Objectifs quantitatifs

Au stade de la préparation, le suivi des chiffres d'activité, le pourcentage d'atteinte des objectifs de l'année précédente et la déclinaison de vos propres objectifs business (quantitatifs) vous fournissent déjà de quoi déterminer des objectifs pour le collaborateur.

### Ce qui se passe

Il existe encore des entreprises où les managers n'ont pas connaissance de leurs propres objectifs avant de recevoir leurs collaborateurs en entretien… Quoi qu'il en soit, le manager aboutit à une première formulation d'objectifs quantitatifs, plus ou moins facilement chiffrables, plus ou moins réalistes.

### Ce que cela provoque

Cette première formulation, le manager la fait en général en effectuant des extrapolations, en tablant sur des probabilités avec un inévitable degré d'approximation. Il reste que ce décalage est source de perte de temps et d'énergie, et qu'il n'alimente pas la confiance dans l'esprit des collaborateurs.

### Ce que nous préconisons

Au cours de l'entretien, quand vous en arriverez à la phase « Objectifs », vous aurez à dire :

*« De mon côté, voici ce que j'attends de toi pour telle et telle chose… »*

Il est donc indispensable, ne serait-ce que pour vous-même, que vous ayez précisé auparavant ce qui sera observable quand l'objectif sera atteint, ou, si vous préférez, ce qui prouvera concrètement que l'objectif est atteint. Cela vous permettra de satisfaire le critère majeur d'un bon objectif : son caractère mesurable.

## Objectifs qualitatifs

Dans le cadre de l'appréciation globale de vos collaborateurs, vous aurez de plus en plus à fixer des objectifs qualitatifs (comportementaux), relationnels. Nous vous proposons ici une première approche. La question des objectifs qualitatifs est également traitée après le bilan.

### Des axes opérationnels

Si vous vous demandez :

*« Je ne vois pas en quoi, qualitativement, mon collaborateur pourrait être meilleur… »*

Nous vous conseillons d'explorer les quatre domaines de préférence, tirés du modèle Hermann (voir p. 100). Ce modèle vise à identifier ce que la personne aime le plus et non pas les domaines où elle a le plus de capacités. Il repère des préférences et des propensions. Nous vous proposons d'y trouver des pistes d'amélioration qualitative.

### Tendre à l'objectivité

Consultez ! Qu'il s'agisse d'objectifs quantitatifs ou qualitatifs, il sera utile de recueillir auprès de tiers des avis concernant le collaborateur. Toute information qui vous permette d'objectiver, de passer d'un ressenti à une perspective opérationnelle, est bonne à prendre. Prenez garde toutefois : cette démarche a l'utilité de vous procurer un autre regard sur votre collaborateur, mais fait courir un risque de halo négatif, vulgairement appelé « casseroles ». Consultez donc les responsables qu'il a pu avoir juste avant vous, dans l'entreprise. Retenez non pas les impressions négatives laissées ici et là par votre collaborateur, mais ses réussites.

## Axes qualitatifs

| Domaine | En quoi mon collaborateur peut-il s'améliorer ? | Première définition d'objectifs. Qu'est-ce qui me prouverait qu'il s'est amélioré ? Qu'est-ce qui serait observable ? |
|---|---|---|
| Relations avec les autres. | Capacité à ressentir ce qu'il éprouve, ce qu'éprouve l'autre, à échanger sur les ressentis. | |
| Organisation du travail. | Qualité de raisonnement. Capacité d'évaluation : choix de critères, appréhension globale et analyse détaillée. | |
| Initiative, anticipation. | Capacité à concevoir de nouvelles manières de penser, à défricher des domaines nouveaux. | |
| Finalisation et réalisation. | Capacité à administrer et à gérer les tâches, à finaliser. | |

Il existe d'autres axes qualitatifs, en lien notamment avec une valeur de l'entreprise : priorité client, innovation, autonomie, performance d'équipe, partage des connaissances… Il vous appartiendra de les décliner en termes mesurables.

# Perspectives à plus long terme

Nous consacrons ces pages à une réflexion sur l'évolution du collaborateur. La question est développée plus longuement en dernière partie de cet ouvrage. Toutefois, elle donne ici l'opportunité de présenter un outil très utile en management : les étapes de l'autonomie.

## Ce qui se passe

Parfois, les perspectives de développement du collaborateur (compétences, adaptation au poste, plan de carrière) sont traitées lors de l'entretien d'évaluation. Plus souvent, la partie « Développement » est traitée dans un second entretien, tenu quelques mois après le premier et faisant également office de rendez-vous de suivi. Ailleurs, cette partie est laissée à l'initiative des personnes concernées. Quoi qu'il en soit, l'entrée en vigueur de l'entretien professionnel obligatoire rend incontournable la question des perspectives. Vous trouverez à la fin de cet ouvrage un supplément, « Perspectives Professionnelles », consacré à l'entretien professionnel. Il est utile, en fin d'entretien d'évaluation, d'aborder cette question.

## Ce que nous préconisons

Dites-vous :

*« Qu'est-ce que je vois pour lui ? Je le verrais bien tenir tel poste. »*

Ou : *« Un poste va se libérer dans un an, où X ferait l'affaire, moyennant telle ou telle formation. »*

Laissez venir ce que vous ressentez. Repérez à quelle étape se trouve le collaborateur sur le chemin de l'autonomie (voir p. 103). Ces étapes sont une grille de lecture utile, aussi bien pour déterminer des objectifs annuels que pour dégager des axes de développement.

Si vous pensez ne rien pouvoir tirer de X, envisagez comment vous en séparer ou bien modifiez la représentation négative que vous avez de X. Vous pouvez ainsi chercher quelle étape lui faire franchir sur le chemin de l'autonomie.

Le parcours vers l'interdépendance n'est pas facile. Les équipes regroupent des individus qui se situent à diverses étapes. Certains sont en mouvement, d'autres plus ou moins coincés en cours de route. L'un des buts de l'entretien, et du management en général, est de faire en sorte qu'un maximum de collaborateurs accèdent à l'interdépendance et qu'ils puissent prendre des décisions et des responsabilités à leur niveau. Aujourd'hui plus que jamais, les entreprises ont besoin de ces capacités.

Si le manager n'a pas ce but, dès le début de l'entretien, ou s'il le perd de vue en cours de route, il contribuera à maintenir les individus :
- en dépendance, ils continueront à ne pas apporter de critique constructive ;
- en contre-dépendance, ils continueront à faire consommer du temps et de l'énergie par leur opposition ;
- en indépendance, ils continueront à jouer « personnel ».

Le manager non vigilant risque même de provoquer des régressions. Négliger de faire évoluer ses collaborateurs est contraire à l'objectif de croissance et de développement qui est l'un des intérêts majeurs du management par objectifs.

Ces quatre étapes sont un chemin vers l'autonomie, terme dont nous avons précisé la signification en phase d'annonce. L'autonomie constitue la capacité qu'a tout individu à :
- agir librement ;

- déterminer librement les lois auxquelles il se soumet ;
- se gouverner par ses propres lois.

Nous vous laissons juge du nombre de personnes vraiment autonomes dans les entreprises et ailleurs. Vous-même, par rapport à votre hiérarchie, où vous situez vous ? De quelle étape à quelle autre étape êtes-vous en train de passer ? Posez-vous les mêmes questions pour chacun de vos collaborateurs.

## Étapes vers l'autonomie

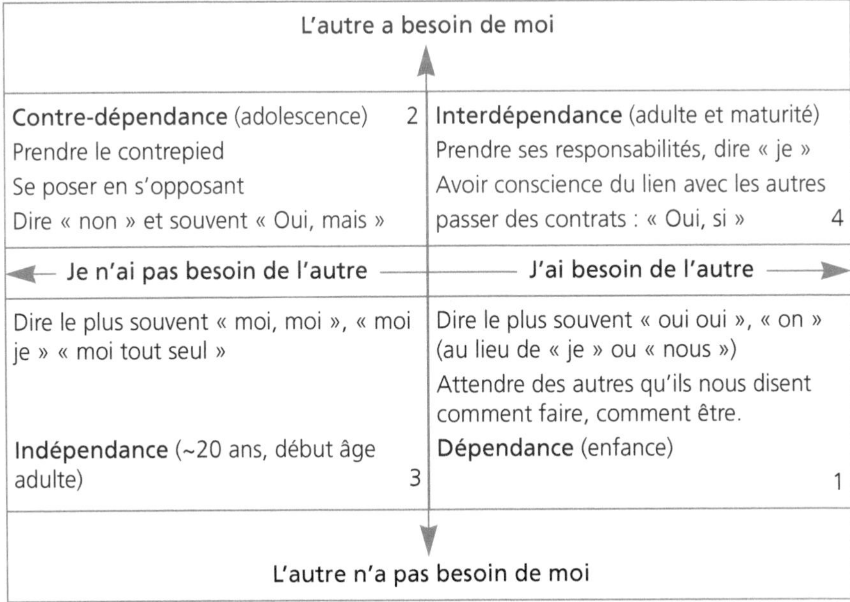


Chaque individu peut se trouver à une étape au plan professionnel et à une autre au plan privé.

# Bien fonctionner avec le collaborateur selon l'étape où il se trouve

Tout au long de l'année, les axes de conduite sont résumées dans le tableau ci-dessous. Vous trouverez des réponses supplémentaires dans la participation à des cycles de développement relationnel et managérial. Vous prendrez ainsi conscience de votre manière de fonctionner, de vos marges de progression et des leviers à mettre en œuvre.

| Contre-dépendant | Interdépendant |
|---|---|
| Ne pas se heurter à son opposition. L'amener à être constructif, recours au pitonnage. | Fonctionner en confiance. Passer avec lui des contrats solides. Lui confier des responsabilités. |
| Indépendant | Dépendant |
| Respecter son implication, tout en jouant l'esprit d'équipe. | Lui dire ce que vous attendez de lui. L'amener à contester. L'inciter à aller en contre-dépendance, donc à grandir. |

Au cours de l'entretien, soyez cohérent avec la ligne de conduite que vous avez eue au cours de l'année, selon les axes ci-dessous.

# Conclusion de la phase de préparation

## Délai de préparation et durée

Cette préparation ne doit pas prendre trop de temps. La durée optimum se situe entre 30 et 60 minutes. C'est un travail que le manager doit pouvoir faire avec fluidité. Il importe en effet de garder à l'esprit l'idée que rien n'est clos, que l'interaction avec le collaborateur va être déterminante. Il est certes indispensable d'avoir préparé pour avoir, en tant que manager, précisé ses propres perceptions, besoins et demandes, mais, à la fin de la préparation, tout reste à faire.

Il ne s'agit pas, comme naguère (et encore dans certaines entreprises) d'une notation, où le patron remplissait toutes les rubriques des formulaires d'évaluation et enjoignait au collaborateur de « signer là ».

## Rappel des clés

Critères de réussite.

Passer du pourquoi au comment.

Prévisualisation de bons objectifs.

Processus de deuil.

Étapes de l'autonomie.

Position d'excellence (voir page 107).

## Avant l'entretien : la check-list

Réunir les conditions de réussite, en créant un contexte et un climat favorables.

Pour cela, vous devez :

- disposer du dossier ;

- avoir effectué votre préparation ; avoir transformé vos perceptions, jugements, critiques négatifs, votre mécontentement ou insatisfaction en demandes ;

- avoir préparé le lieu, conformément aux trois règles (confidentialité, calme et convivialité) ;

- vous préparer, en identifiant l'état dans lequel vous souhaitez vous trouver pour accueillir votre collaborateur et vous y installer. Nous vous conseillons de pratiquer un ancrage (voir page 107).

Vous allez accueillir le collaborateur. Ne perdez jamais de vue l'importance que revêt cette phase. Comme la qualité de l'annonce a conditionné la qualité de la préparation, la qualité de l'accueil donnera le ton à l'entretien :

- si vous y consacrez le soin que nous préconisons, tout se passera bien, le collaborateur sera détendu, vous ferez du bon travail ensemble ;

- si vous escamotez la phase d'accueil, le collaborateur sera stressé et vous aurez beaucoup de difficultés pendant l'entretien.

Jusqu'à un certain seuil, le stress peut déclencher des effets positifs, notamment au niveau des performances. Au-delà de ce seuil, variable selon l'individu, les effets du stress sont négatifs, voire dangereux. Certains managers l'ont compris, d'autres non. Au fond de chaque être humain, il y a un besoin de convergence. Le meilleur moyen de favoriser les convergences, c'est d'accepter les divergences.

Dans tous les cas, le maître mot est l'écoute du collaborateur, afin de connaître son cadre de référence et d'ajuster son attitude de manager. Le pire ennemi du responsable est l'hyper rigidité psychologique, qui s'accompagne souvent d'une hyper rigidité physique.

## Ancrage, position d'excellence

Comment agir sur soi-même pour être dans l'état le plus adapté ? En partant du postulat de départ qu'il est possible d'agir soi-même sur son état psychique, en suivant le processus suivant :
- je retrouve une situation du passé où j'étais pleinement confiant, dans un état de réussite ;
- je me réinstalle (visuellement, auditivement, physiquement, spatialement) dans ce souvenir ;
- je mémorise les caractéristiques de mon état émotionnel, mental et physique associées à l'état remémoré ;
- j'opère un « ancrage », en sélectionnant un geste (par exemple) auquel j'attribue la fonction de mémoriser l'état où je me trouve ;
- je maintiens ces caractéristiques, en visualisant la situation à venir ;
- je visualise le comportement souhaitable.

Développez cette capacité à vous installer en position d'excellence, en identifiant une succession d'expériences de réussite et en déterminant les éléments qui sont des marqueurs communs à toutes ces expériences.

## Les cinq règles pour réussir les entretiens

Elles sont à respecter par le managé et le manageur.
- Respect de la confidentialité, de la parole, de la personne.
- Réactivité, en donnant du feed-back.
- Reformulation « miroir ».
- Régulation : manifester son insatisfaction par rapport au processus, si nécessaire, même si on ne peut pas en préciser la cause.
- Responsabilité : parler en son nom, bannir l'utilisation de « on ». Le « nous » appelle une précision (qui est ce nous?).

Partie 3

# ENTRETIEN

# L'entretien proprement dit

L'objectif de la phase d'accueil est d'installer le bon climat. Elle constitue, de fait, un moment où l'attention portée au collaborateur et la vigilance sur ses comportements est de rigueur.

## Ce qui se passe, ce que cela provoque

Le manager accueille le collaborateur par un « *Comment vas-tu ?* ». Mais la réponse du collaborateur, s'il vit quelque chose de négatif, risque de « plomber » la suite… *A contrario*, le manager est tenté d'aller droit au but, en demandant : « *Ça va bien ?* ». La question, fermée, induit une réponse positive qui ne correspond pas à la réalité vécue.

## Ce que nous préconisons

*« Bonjour. Comment vas-tu (ce matin/cet après-midi) ? »*

Si la personne a eu un problème juste avant l'entretien (accident de circulation sur son trajet, nuit perturbée, etc.), il est utile qu'elle le signale et évacue la tension, afin que son énergie soit disponible pour l'entretien.

### Reformulation « miroir »

L'essentiel est de ralentir le rythme, à commencer par le débit de la parole. Le manager pose la question précédente (ciblée dans le temps) comme une vraie question, écoute la réponse, en étant attentif aux messages verbaux et non-verbaux émis par le collaborateur. À ce stade, il reformule, avec les mots du collaborateur, ce qu'il a exprimé :

*« Tu as eu un accrochage… »* ou *« Ton enfant a pleuré toute la nuit… »*

Puis il laisse la personne s'expliquer pour qu'elle évacue la tension. Si elle vit des difficultés plus graves, il faut en parler en dehors de l'entretien. Cela ne relève sans doute pas de la compétence du manager. Si ces difficultés ont échappé à son attention, le manager doit s'interroger sur le degré de communication et de confiance existant entre eux.

## Question clé

Ce préambule effectué et l'éventuelle tension évacuée, demandez :

*« Comment s'est passée ta préparation ? »*

Et non pas : *« As-tu pu préparer ? »*. La formulation en question fermée « autorise » une réponse négative et accepte implicitement que le collaborateur n'ait pas préparé. Prendre ce risque dénoterait chez le manager une propension à déclencher des jeux psychologiques, où il se trouverait soit à voler au secours du collaborateur – victime de tel ou tel aléa –, soit à le critiquer. Si l'annonce a été bien faite, la non-préparation est quasi impossible. En cas de difficulté, une réponse fréquente est par exemple :

*« Cela a été un peu difficile au début car je n'avais pas l'habitude, mais j'ai trouvé finalement des choses intéressantes. »*

Le manager reformule ce qu'a dit le collaborateur avec ses mots. Cela lui prouve qu'il a été entendu. Cet excellent exercice, moins simple qu'il n'y paraît, développe l'écoute. La plupart du temps, « on » n'entend pas ce que dit l'autre. Il importe de reformuler par une interrogation :

*« Cela a été un peu difficile au début car tu n'avais pas l'habitude, mais finalement tu as trouvé des choses intéressantes ? »*

Le collaborateur peut compléter son propos. S'il se satisfait de cette formulation, l'échange peut continuer sur de bonnes bases.

## Fiche mémo de l'accueil

### Avant

- matériel
- soi-même

### Accueil

- installer le climat
- utiliser des reformulations « miroir »
- énoncer les différentes phases (comment allons-nous procéder ?)
- question de contrôle
- vérifier les critères de succès de l'entretien, du point de vue du collaborateur
- reformuler, noter et/ou recadrer

# Pièges à éviter

Il est temps d'exposer le déroulement de l'entretien et d'y procéder. Certains cas méritent un commentaire.

## Ce qui risque de se produire

### Comportement sauveteur

Juste au début de l'entretien, le collaborateur annonce au manager qu'il n'a pas préparé convenablement ou qu'il n'a pas préparé du tout.

Vous-même, en tant que manager, comment réagiriez-vous ?

..................................................................................................

Les erreurs, commises sous l'emprise de l'émotion, les plus fréquentes sont les suivantes :

*« Tu n'as pas préparé ? Bon, ce n'est pas grave, nous allons faire ensemble. »*

*« Tu n'as pas préparé ? Dommage… Bon, prenons une autre date. »*

Le manager vole au secours du collaborateur, qui n'attendait que cela. Dans les deux cas, il a adopté une conduite salvatrice (voir page 116).

### Comportement persécuteur

*« Tu n'as pas préparé ? Dommage…* Je te rappelle quand même qu'il s'agit de toi, mais bon… On va partir de ton dossier et de mes notes, et puis c'est tout. Dommage pour toi. »

Avec l'ironie contenue dans le *« mais bon… »* et le *« dommage pour toi »*, le manager a adopté un comportement persécuteur (voir page 116).

## Comportement de victime

*« Tu n'as pas préparé ? Bon, cela m'ennuie, mais je vais m'arranger. »*

Le manager assume sans réagir la non-prestation du collaborateur. Il se pose en victime (voir Triangle dramatique page 116).

# Ce que nous préconisons

Le manager doit réagir selon son agenda, l'étape de développement du collaborateur et le contexte.

### Si le collaborateur n'est pas nouveau

Il a déjà eu un entretien, en connaît l'importance. Il est sans doute en phase de contre-dépendance : il se pose en s'opposant. À qui appartient le problème ? Au manager car c'est lui qui n'est pas satisfait d'un comportement ou d'un résultat. Dans ce cas, il doit rappeler objectivement les faits, communiquer son ressenti (mécontentement) et exprimer son besoin.

Nous appelons ce message en quatre étapes le « message Je ». Par exemple :

- 1. rappel des faits ; *« Quand tu me dis à 9 h que tu n'as pas préparé ton entretien alors que je t'ai demandé explicitement de le faire »* ;
- 2. expression du ressenti ; *« Je suis en colère »* ;
- 3. expression des besoins ; *« Parce que j'attends que tu tiennes tes engagements »* ;
- 4. expression de la demande ; *« Prends ton agenda et note notre prochain rendez-vous : après-demain, 9 h. Bonne journée, au revoir. ».* Ou bien : « Je te demande de préparer cet entretien pendant la demi-heure qui vient. À tout à l'heure. »

Ce qui serait regrettable, c'est de ne pas exprimer sa colère.

# Triangle dramatique

| Persécuteur | Sauveteur |
|---|---|
| • Comportements et propos dévalorisants pour autrui.<br>• Humour caustique.<br>• Aime :<br>  - rabaisser, humilier, faire taire, faire peur ;<br>  - provoquer pour mater ;<br>  - soumettre les autres afin de jouir de sa supériorité.<br>• Confond rigueur et rigidité.<br>• Tranche, ordonne, juge sans nuance.<br>• Empêche les autres de se développer en les écrasant. | • Comportements et propos inspirés, en apparence, par l'envie de rendre service.<br>• Intervient sans avoir été sollicité et/ou à un moment inopportun et/ou sans avoir la compétence requise.<br>• Aime :<br>  - aider les autres pour se valoriser lui-même ;<br>  - inspirer gratitude et admiration.<br>• Peut :<br>  - devenir persécuteur s'il n'a pas le remerciement attendu ;<br>  - jouer les victimes.<br>• Empêche les autres de se développer en faisant à leur place. |
| Position de vie (+ −) | Position de vie (+ −) |

| Victime | | |
|---|---|---|
| | - Comportements et propos relevant de la complainte.<br>- Se soumet à l'excès.<br>- S'empêche elle-même de se développer.<br>- Vit souvent dans la peur ou la tristesse.<br>- Incrimine les autres, la société, mais ne se révolte pas. | |
| | Position de vie (− +) ou (− −) | |

## Si le collaborateur est nouveau

Il n'a pas su s'y prendre. Il n'a pas osé faire état de son incapacité. Il est resté en position (− +), fréquente chez les arrivants, désireux de se faire accepter et qui sont en phase de dépendance. Dites alors :

*« Quand tu me dis à 9 h que tu n'as pas préparé l'entretien alors que je t'ai demandé explicitement de le faire et que je t'ai demandé de m'appeler si tu avais une question ou une difficulté, je me demande si tu as perçu qu'il s'agit de ton entretien, de tes objectifs et de ton parcours. Je suis déçu car j'attends que tu suives mes indications et que tu tiennes tes engagements. Note le prochain rendez-vous : après-demain, 9 h. »*

# Entamer et fiabiliser l'entretien

Le manager a indiqué dans l'annonce en quoi consiste l'entretien et à quoi il sert. Il doit maintenant expliquer son déroulement.

## Exposer le déroulement

### Ce qui se passe, ce que cela provoque

Certains managers demandent au collaborateur :

*« Comment souhaites-tu qu'on procède ? »*

Halte ! Double pénalité ! L'une pour déni de cadrage : c'est au manager qu'il incombe de définir la procédure, de la suivre et d'en être le garant. Laisser croire autre chose au collaborateur est insécurisant pour lui. Il risque de ne pas se sentir cadré et de penser qu'il portera seul la responsabilité du bon déroulement de l'entretien. L'autre pour l'emploi du « on », à caractère indéfini, qui laisse un sentiment de flou, de non-responsabilité du manager.

### Ce que nous préconisons

Le manager sécurise le collaborateur, en l'informant du déroulement (à respecter ensuite, certes) :

*« Voici comment nous allons procéder. Nous commencerons par le bilan de l'année écoulée, en voyant d'abord ce qui s'est bien passé, puis ce qui a moins bien marché ou ce qui est à améliorer.*

*Ensuite, nous fixerons ensemble tes objectifs pour l'année.*

*Puis nous envisagerons le plus long terme.*

*Enfin, nous terminerons par un document de synthèse, écrit.*

*Nous prendrons un rendez-vous de suivi à six mois. »*

En employant le « nous », le manager adresse au collaborateur un signe de reconnaissance. Une formule telle que *« Voici comment je procède »* est à éviter, car le « je » est perçu comme unilatéral.

Pour exposer ce programme, le manager prend son temps, ralentit son élocution. Ainsi, le collaborateur se représente la continuité du processus et se rassure lui-même, en percevant d'avance les moments où il pourra exprimer ses attentes.

## Question de contrôle

Le manager pose la question de contrôle de la phase d'accueil :

*« Quelle(s) question(s) as-tu par rapport à ce déroulement ? »*

Si le collaborateur répond : *« Pas de questions »*, le manager peut être tenté de commencer l'entretien – *« Allons-y pour le bilan… »*. Cet instant est critique car la qualité de perception du non-verbal, au moment où le collaborateur répond à la question de contrôle, détermine la suite du processus. Il faut donc prêter attention à son interlocuteur :

- soit des signes de détente et de confiance (respiration, regard, posture). Dans ce cas, le manager continue, en demeurant vigilant aux signaux non-verbaux ;
- soit des signes de tension (grise mine, se tasse sur son siège). Dans ce cas, quelque chose qu'il attendait n'a pas été évoqué.

Le manager le questionne alors dans ce sens, écoute sa réponse, note en reformulant exactement l'objet de sa question. S'il évoque des points qui ne sont pas à traiter au cours de l'entretien (voir question piège ci-après), le manager lui indique dans quel cadre les aborder :

- dans le cadre d'un entretien spécialement consacré à la rémunération ;
- ou dans le cadre d'un entretien professionnel (voir « Perspectives Professionnelles »).

Toutefois, il est utile de lui faire préciser la teneur de sa demande afin de pouvoir la noter précisément.

## Question piège

Le collaborateur demande :

*« Allons-nous parler de mon (statut, augmentation, etc.) ? »*

Attention ! La question de l'augmentation est souvent posée à ce stade, si elle ne l'a pas été au moment de l'annonce.

## Ce que nous préconisons

Si le manager n'envisage pas d'aborder ce point, il doit le clarifier :

*« Ce point sera traité lors des réunions prévues au mois de […]. »*

Il évite ainsi toute déception au collaborateur, en recadrant au fur et à mesure.

Nous vous laissons identifier les phrases contre-productives que vous pourriez prononcer…

# En conclusion

Les difficultés sont plus grandes avec ceux qui ne s'expriment pas qu'avec ceux qui s'expriment. La passivité silencieuse est signe d'une énergie bloquée. Pour être opérationnel, le manager aura toujours intérêt à lever les ambiguïtés, grâce à un questionnement pertinent.

Mais avant de commencer, pour fiabiliser l'entretien, il doit identifier ce que sont, pour le collaborateur, les critères de réussite d'un entretien. Pour cela, il pose la question suivante :

*« Pour toi, cet entretien sera réussi si… ? Si… quoi ? »*

Et surtout pas :

*« Quels sont tes critères de réussite d'un entretien ? »*

Noter, reformuler, recadrer en donnant les précisions nécessaires.

# Bilan positif, réussites et critères

Certains managers préfèrent commencer par les sujets qui fâchent, afin de se débarrasser du négatif et envisager ensuite l'avenir plus sereinement. L'intention est louable, mais l'impact psychologique pénalisant. L'expérience montre qu'il est plus facile et productif de conforter d'abord le collaborateur dans la vision positive et légitime qu'il a de ses prestations et, partant, de lui-même.

## Ce qui se passe

Le manager a compris l'intérêt de commencer par le bilan positif. Il prend la parole et, avec la meilleure intention du monde, annonce :

*« Ce que j'ai bien apprécié chez toi, c'est… »*

Il n'a pas conscience qu'il serait intéressant d'explorer le point de vue du collaborateur sur ses réussites ou préfère ne pas lui donner la parole.

## Ce que cela provoque

Imaginez que votre n + 1 débute l'entretien de cette manière. Que ressentirez-vous ? comment allez-vous réagir ?

Si vous êtes en (− +) ou en phase de dépendance, vous serez ravi : « on » parle à votre place. On vous dit ce qui est bien ou mal.

Si vous êtes en (+ −) ou en phase de contre-dépendance, vous serez irrité d'être jugé, de devoir répondre en fonction de ce qu'aura dit l'autre.



120

Si vous êtes en (− −), vous ferez semblant d'être un minimum attentif, mais, au fond, vous penserez que *« tout cela, c'est bien de la manipulation, de toute façon »* ou bien *« cause toujours… »*.

# Ce que nous préconisons

## Identifier les réussites

La meilleure entrée en matière est :

*« Quelles sont tes trois principales réussites de l'année ? »*

La question conduit le collaborateur à focaliser son esprit. Ainsi, le manager opère un ancrage positif. Souvenez-vous de l'effet que procure le fait d'évoquer ses réussites. Imaginez d'avoir vous-même à parler de vos réussites. Remémorez-vous-les précisément. Que constatez-vous ? Un regain d'énergie, sans doute. Si quelqu'un vous écoute, l'effet est accentué.

Demander trois réussites permet la plupart du temps d'en obtenir deux. Complétez alors votre information :

*« Et s'il y en avait une troisième, qu'est-ce que ça pourrait être ? »*

Il arrive que le collaborateur réponde : *« Je ne vois pas… »*. Le manager continue alors son questionnement :

*« Et si tu voyais, tu verrais quoi ? »*

Dans tous les cas, il écoute le collaborateur sans l'interrompre, reformule en miroir, note avec soin (afin de reprendre ces réussites une par une). Il y a des chances pour qu'une réussite relève du quantitatif, une autre du développement d'une capacité et une troisième du relationnel.

## Identifier les critères de réussite du collaborateur

Il peut arriver que le manager se retrouve avec les trois réussites du collaborateur qu'il a retenues en préparant, et trois autres réussites



121

mises en avant par le collaborateur. Celui-ci peut même indiquer une réussite sur un point noté par le manager comme un point à améliorer, car ils n'ont pas les mêmes critères d'appréciation. Il est parvenu à un index 30 de réussite pour un objectif donné, dans une activité donnée. De son point de vue, il a réussi, simplement parce que c'est la première fois qu'il avait un objectif dans cette activité. Or, le manager attendait, pour le moins, qu'il atteignît un index 60.

Attention ! Le manager, à ce stade, ne doit pas signifier son désaccord. Il doit juste comprendre, en demandant :

*« Qu'est-ce qui te fait dire que c'est une réussite ? »*

De manière abstraite, le manager dirait : *« Quels sont tes critères ? »*. Or, même avec un collaborateur familier de cette terminologie, ce serait contreproductif. Certains ne sont pas habitués à s'exprimer sur leur réussite. Le seul fait d'entendre la question *« Quelles sont, selon toi, tes trois principales réussites ? »* les aide dans leur développement. La personne voit alors son quotidien autrement qu'en termes de pression, de stress, d'échec et de souffrance. Il arrive que le collaborateur ne s'accorde aucune réussite, soit qu'il ne les identifie pas, soit qu'il n'ose pas en faire état. Il se trouve sans doute dans une position de vie (− +) ou (− −). Le questionnement va le faire sortir de ce regard négatif.

Pour chaque réussite indiquée par le collaborateur, la question sera :

*« Qu'est-ce qui te fait dire que c'est une réussite ? »*

# Bilan positif, critères et stratégies de réussite

## L'intérêt de ce recueil d'informations sur les critères

Le manager montre au collaborateur l'intérêt qu'il porte à sa vision des choses. Il consolide l'ancrage positif lié au fait de parler de ses réussites, mesure l'écart entre ses représentations et celles du collaborateur. Il obtient des renseignements sur ce qui est important pour lui et sur ses valeurs. Cela aidera le manager lors de la fixation d'objectifs qualitatifs : accorde-t-il de l'importance au travail bien fait ? À l'instauration de relations constructives avec ses partenaires ? À la prise d'initiative ? À l'inscription de son activité dans la poursuite des objectifs de son unité ? Le manager facilite surtout le travail à venir, qui est la mise en évidence des stratégies de réussite.

## Faire entrer le collaborateur dans le monde des stratégies de réussite

Chacun d'entre nous a sa façon de se motiver (dont il n'est pas conscient la plupart du temps) pour se lever le matin, pour apprendre et/ou pour réussir. Pour en prendre conscience, nous avons besoin d'aide. Cette prise de conscience nous permet d'augmenter notre efficacité et de la partager avec d'autres. Dans ce sens, un service à rendre à quelqu'un est de le faire parler pour qu'il identifie comment il s'y prend pour réussir.

Le manager note les réussites par des questions adaptées, accompagne le collaborateur dans l'identification des différentes phases de ce qui a constitué un succès et l'identification du processus générateur de ce succès. Il s'agit de noter les différentes phases par lesquelles le collaborateur passe pour obtenir le résultat. Mais noter les grandes étapes ne suffit pas, il faut être exhaustif et méthodique dans l'exploration de ce qui a permis au collaborateur de passer, avec succès, d'une étape à l'autre. À la fin du travail d'exploration, le manager « redonne » au collaborateur l'enchaînement des étapes de sa stratégie. L'exposé d'une stratégie de succès doit pouvoir être compréhensible par quelqu'un d'autre, pour qu'il soit lui-même en mesure de l'appliquer.

## Faire émerger les étapes de la stratégie de réussite

La question à poser de façon réitérée est :

*« Comment as-tu fait pour ? »*

Par exemple, un formateur est fier de la progression en qualité péda-gogique de ses interventions. Au questionnement *« Comment as-tu fait pour ? »*, voici la réponse qu'il apporte :

*« Je lis beaucoup dans le domaine qui m'intéresse (management, développe-ment personnel), je souligne les idées clés avec lesquelles je me sens en réso-nance. Je note et je commente en marge.*

*En fin de lecture, je reporte ces notes sur une fiche, je place cette feuille dans une chemise, avec d'autres fiches. En stage, pendant que les participants font un exercice, je mets à profit les minutes disponibles pour relire les fiches. À un moment donné de la session, je vais proposer une application d'une des notions relevées sur une fiche. Après cette expérience, j'intègre la fiche dans la boîte à outils du stage. »*

Voici également le commentaire du formateur :

*« Si on me prête un livre que je ne peux pas annoter, soit je ne le lis pas, soit je rédige une fiche à côté. Si je ne réalise pas cette fiche, la lecture me profitera peu. Si je n'emmène pas cette fiche en stage, il y aura aussi déperdition par*

*défaut d'application. La prise de conscience du processus qui aboutit à un succès renforce ma motivation et mon efficacité, sans que cela me coûte. »*

## Trouver le facteur déclenchant

La question à poser est :

*« Qu'est-ce qui t'a amené à te lancer dans cette réussite ? »*

L'aspect paradoxal de cette formulation ne doit pas empêcher le manager de l'employer. Le collaborateur peut alors répondre :

*« Cela faisait partie de mes objectifs. »*

*« Tu me l'as demandé. »*

*« La situation était tellement catastrophique que… »*

*« J'ai eu une intuition un jour en me rasant. »*

## Trouver le facteur clé

La question à poser est :

*« Parmi tous les éléments qui font que tu as réussi, s'il y en a un plus important que les autres, lequel est-ce ? »*

Appliquer ce travail à trois reprises (trois réussites) permet d'identifier avec précision les éléments de la stratégie du collaborateur.

En synthèse, le manager « redonne » au collaborateur sa façon de procéder pour chacune de ses réussites.

*« Somme toute, pour réussir, tu commences par… puis tu… puis…, etc. »*

Il est possible d'identifier un processus commun à toutes ces réussites.

# Bilan positif, modéliser et renforcer

## L'intérêt de faire émerger les stratégies de réussite

### Pour le collaborateur

Il prend conscience de son cheminement. En répondant sur les réussites qu'il a identifiées, il modélise son processus en le renforçant. Il se défait lui-même de ses inhibitions.

S'il qualifie de réussite une réalisation que le manager a notée comme point à améliorer en préparant, le manager doit identifier la stratégie de la même façon que s'il avait retenu cette réalisation comme une réussite. Il ne doit pas donner son opinion, afin de ne pas compromettre le processus.

De son côté, le manager indique au collaborateur une ou des réussites autre(s), et ce qui justifie son propos :

*« Tu as réussi la mission x.  C'est une réussite à mes yeux, parce que… »*

Cela l'informe sur les critères du manager. De plus, le collaborateur reçoit un nouvel éclairage, positif, à propos de son fonctionnement.

### Pour le manager

Il identifie le mode de fonctionnement du collaborateur, apprécie mieux son potentiel, ce qui lui permettra de mieux choisir les missions à lui confier. Il a de quoi rassurer et stimuler le collaborateur, au cas où il se heurterait à une difficulté, en évoquant ses stratégies de réussite, grâce auxquelles il a passé les obstacles. Ces derniers lui ont permis d'actualiser ses stratégies et d'en élaborer de nouvelles.

## Pour les deux

Les cadres de référence du manager et du collaborateur sont ajustés. Ils sont d'accord sur les ressources à mettre en œuvre.

# Une condition indispensable pour mener à bien le questionnement

Attention au ton employé ! Il s'agit d'explorer le cadre de référence de l'autre, non de mener un interrogatoire où le collaborateur devrait justifier telle ou telle réussite. C'est à cause des pratiques inquisitoriales de certains managers que l'auto-évaluation passe souvent pour une manipulation aux yeux des salariés. Par ailleurs, certains managers ne pourront s'empêcher d'être paternaliste : *« Bravo, Jean (sous-entendu, mon gars), c'est bien… »*, etc.

## Bilan positif

Faire ressortir ses trois réussites majeures.

Pour chaque réussite :
- Identifier ses critères.
- Identifier sa stratégie de succès.
- Identifier l'élément déclencheur et l'élément essentiel
- Lui redonner sa stratégie.

Indiquer d'autres réussites (s'il y en a) et ses critères.

## Bilan négatif

Faire ressortir les trois « plantages » ou les trois points à améliorer.

Identifier ses critères.

Quels enseignements tirer des « plantages » ?

Pour les points à améliorer : comment procéder ?

## Abondance

Aider quelqu'un à identifier ses stratégies de réussite, c'est l'engager sur la voie de l'abondance.

Il ne s'agit pas de la surabondance, idéal poursuivi par les personnes attachées à consommer et à acquérir toujours plus.

*« La pénurie s'installe lorsque la somme des ressources en présence est inférieure aux besoins vitaux des membres d'un groupe. Le régime d'abondance se définit par le contraire : la somme des ressources en présence est supérieure aux besoins vitaux des membres de ce groupe. »* (in *Naissance du 4ᵉ type*, Catherine et Daniel Favre, éd. Souffle d'or, 1991.)

L'individu accède au régime d'abondance quand sont levées les inhibitions héritées de régimes de pénurie vécue ou fantasmée. Il n'a plus peur de manquer, donc il n'a plus tendance, pour survivre, à prendre plus que sa juste part, à chercher à dominer ou, à défaut, à se soumettre à plus fort que lui. Confiant dans sa capacité à réussir, il échappe à l'insécurité. Plus il réussit, plus il identifie ses stratégies de succès, plus il gagne en confiance, etc.

Les principes de fonctionnement que nous avons intégrés dans notre enfance peuvent avoir un effet inhibant sur nous, par le canal des « petites voix ». Ce point sera étudié dans les pages consacrées aux freins (voir p. 134).

# Entamer le bilan négatif, ou bilan source de progrès

Un soin particulier est à apporter à l'expression de ce qui n'a pas donné satisfaction, afin de susciter chez le collaborateur de la motivation (et non pas de la culpabilité ou de la résistance) et un développement de ses compétences.

## Ce qui se passe quelquefois

Imaginons que le responsable entame cette phase sur le mode :

*« Bon. Soyons réalistes. Tu me connais : pas de langue de bois, pas de complaisance, pas de faux-semblants, allons-y. Tu t'es grassement planté sur le chantier Y. Tu n'as pas atteint ton chiffre. Tu n'as pas développé comme je le voulais la collaboration avec les Achats. »*

Ce manager fonctionne selon le mode « carré », comme le manager qui dit, en abordant le bilan positif :

*« Ce que j'ai bien apprécié chez toi, c'est… »*

Il n'a pas conscience qu'il serait intéressant d'explorer le point de vue du collaborateur sur ses échecs. Sans doute préfère-t-il ne pas lui donner la parole.

## Ce que cela provoque

Si le n + 1 s'exprime de cette manière. Que ressent le collaborateur ? Comment réagit-il ?

Si le collaborateur est en (− +) ou en phase de dépendance, il se sentira assez mal, restera silencieux et le réquisitoire continuera.

Si le collaborateur est en (+ −) ou en phase de contre-dépendance, il sera irrité d'être ainsi jugé. Il sera sans doute en désaccord avec les appréciations portées sur lui.

Si le collaborateur est en (− −), il écoutera en silence, en pensant *« Au fond, quoi qu'on fasse, on est toujours critiqué. Tout cela, c'est bien de la manipulation. »*. Il pourra aussi se réfugier dans un *« Cause toujours… »*.

## Ce que nous préconisons

### Explorer le cadre de référence du collaborateur

Le manager permet au collaborateur de s'exprimer d'abord, en reprenant le questionnement désormais familier :

*« Quels sont tes trois points à améliorer ? »*

ou :

*« Quels sont tes trois plus beaux plantages ? »*

Dans son ouvrage, *Le pouvoir illimité*, Anthony Robbins évoque l'exemple de cet homme qui a accumulé 28 échecs politiques et personnels et qui s'avère être… Abraham Lincoln !

Ceux qui vont loin sont ceux qui entreprennent plus que les autres et qui encourent davantage de risques d'échecs.

Cette manière de procéder implique que le manager puisse parler d'échec sans adresser de message négatif, par aucun signe verbal ou non-verbal (un ton désolé par exemple). Il doit être clair avec lui-même, surtout si l'échec du collaborateur le met lui-même en position de non-réussite par rapport à sa hiérarchie et à ses propres objectifs. Il risque de transmettre cela à son collaborateur, qui le recevra consciemment ou inconsciemment.

## Identifier les critères du collaborateur

Une fois posée la question *« Quels sont tes trois plus beaux plantages ? »* ou bien *« Quels sont tes trois points à améliorer ? »*, le manager procède comme pour les réussites :

*« Qu'est-ce qui te fait dire que c'est un plantage/un point à améliorer ? »*

S'il s'agit d'un point à améliorer, le collaborateur peut fort bien être un perfectionniste, qui veut absolument améliorer un point, qui va dépenser une énergie folle pour un rendement proche de zéro, alors que, pour le manager, il est au bon niveau. Il faut lui faire comprendre qu'il est inutile et contre-performant de vouloir aller plus loin.

S'il s'agit d'un « plantage », le manager va-t-il ensuite décortiquer la stratégie d'échec du collaborateur ? Certes, non, il s'agit simplement de veiller à ce que le collaborateur tire tous les enseignements de cet échec.

# Exploiter le bilan négatif, ou bilan source de progrès

Ce qui est impératif, pour les deux protagonistes, c'est de vérifier que le collaborateur a tiré les enseignements de ses échecs.

## Tirer ensemble les leçons de l'expérience

*« Quels enseignements tires-tu de ce plantage ? »*

En posant cette question, le manager laisse au collaborateur la responsabilité de tirer lui-même les leçons de son expérience, puis il les valide. S'il a identifié d'autres enseignements, il continue :

*« S'il y avait encore autre chose à retenir de cette expérience, qui serait utile pour l'avenir, ce serait quoi ? »*

*« Certes, si votre collaborateur ne trouve pas, communiquez-lui vos propres réflexions. »*

*« De mon côté, je vois encore les enseignements suivants… Qu'est-ce que tu en penses… ? »*

Ainsi, il a effectué ce bilan de réussites et d'échecs avec son collaborateur dans un climat serein, en évitant l'attitude du sauveteur (complaisance) et l'attitude du persécuteur (jugement tranchant).

Le manager n'a pas focalisé sur l'erreur, ce qui a évité d'enfermer le collaborateur dans le cadre du blâme. L'erreur est utilisée comme tremplin, afin de projeter le collaborateur dans un cadre d'objectifs.

Cette attitude aide le collaborateur à identifier ses performances, ainsi que les situations où sa prestation a été insuffisante ou mal orientée. Elle permet d'amener le collaborateur à identifier l'axe à adopter pour mieux répondre, par ses actes, à ce qui est attendu de lui.

Le manager conclut la séquence, en exprimant ses attentes par rapport aux points à améliorer, en disant, pour chacune de ses attentes :

*« Voici ce que j'attends de toi sur      1 .......................................... ;*
*2 ................................. ; 3 ..................................*

*De ton côté, comment vas-tu t'y prendre ? »*

Après avoir écouté les propositions du collaborateur, le manager vérifie (par son ressenti) qu'il est d'accord avec ce qu'il propose. Il ajuste son questionnement de type *« Comment comptes-tu t'y prendre ? »*, selon le degré d'autonomie du collaborateur (voir p. 103).

## Échecs : mode de fonctionnement du collaborateur

| Contre-dépendance | Interdépendance |
|---|---|
| Ne pas blesser son amour-propre, mais poser clairement ce qui n'est pas négociable pour vous. Lui faire exprimer les ressources à mettre en œuvre afin de ne pas rééditer le même type d'erreur. | Faire confiance. Passer avec lui des contrats solides. Lui confier des responsabilités. |
| Indépendance | Dépendance |
| Inviter le collaborateur à trouver des ressources, au cas où il serait en difficulté, au sein de l'unité. L'inviter à déléguer. | L'inviter à demander du soutien si besoin est. Lui demander de critiquer, de contester plutôt que de ne pas signaler une difficulté. |

Avec la fixation d'objectifs, le manager aide le collaborateur à exprimer et à concrétiser ce qui a du sens pour lui, et ce à quoi il aspire dans le contexte professionnel qui leur est commun. Par cette action, il donne (ou rappelle) les protections (cadre, périmètre, limites, règles) ainsi que les permissions (encouragement, aide, soutien, sympathie) dont le collaborateur a besoin. Ce faisant, il le conduit sur la voie de l'autonomie.

# Repérer et lever les freins

Nous fonctionnons souvent sous l'influence de « petites voix », messages reçus dans l'enfance qui nous ont permis de nous structurer. Ces messages ne sont pas forcément négatifs. Le problème vient de ce qu'à l'âge adulte, nous continuons à leur obéir inconsciemment, surtout en cas de stress, et cela ne nous donne pas toujours la meilleure option. L'essentiel est donc de repérer la « petite voix » qui influence un comportement.

## Ce qui se passe, les « petites voix »

Nous pouvons être concerné par plusieurs « petites voix » en même temps. Cependant, il semble que nous ayons chacun une dominante. Les « petites voix » sont : *« Fais plaisir ! »* ; *« Sois fort ! »* ; *« Dépêche-toi ! »* ; *« Fais un effort ! »* ; *« Sois parfait ! »*.

Quand un individu évalue son attitude ou sa prestation, ou quand il se donne un objectif, une petite voix peut être à l'œuvre. Il importe de la repérer.

Quand un individu éprouve de manière récurrente le même type de difficulté ou bien réédite le même type d'erreur ou d'échec, il est utile de repérer la « petite voix » qui est à l'œuvre et de l'aider à s'en libérer.

# Ce que nous préconisons

## Reconnaître les « petites voix » à l'œuvre

### Sois parfait !

Recherche la perfection. Explique beaucoup pour être sûr que l'autre a compris. Use des parenthèses pour ne rien oublier. Fait de la surqualité. Est débordé par souci de bien faire. Délègue peu.

### Fais un effort !

Estime qu'une tâche vaut par sa difficulté. Aime « ramer », même s'il s'enfonce. Aime les challenges. Aime la nouveauté. Dit volontiers : *« Je vais essayer »*. Complique les choses et perd de vue l'objectif. Met autant d'énergie sur une tâche minime que sur une tâche essentielle.

### Fais plaisir !

Préoccupé par le bien-être de l'autre, a du mal à dire non. Accepte un surcroît de travail pour rendre service. N'ose pas demander les choses pour lui. Demande indirectement. S'épuise. Ne tient pas ses promesses parce qu'il en fait trop.

### Sois fort !

Prétend ne pas être concerné par le ressenti et les émotions. Se fait entendre sans difficulté. Sait foncer si besoin est. Le risque : ne « sent » pas les choses. Adore se trouver dans des situations limites.

### Dépêche-toi !

Il faut que les choses soient faites vite. Est présent mais pense déjà à l'avenir. Attend le jour précédant l'échéance pour s'atteler à la tâche, parce qu'il sera plus en énergie et sature alors son entourage.

À ce stade, vous avez une idée de la « petite voix » qui vous influence le plus souvent. Sans doute vous êtes vous déjà dit : *« Tiens, je crois reconnaître le comportement de X. »*.

## Lever les freins dus aux « petites voix »

Pour un collaborateur avec un « Fais plaisir ! » dominant, un bon accueil est important. Quelqu'un qui a un « Sois fort ! » dominant a moins besoin de préliminaires et sera davantage satisfait par un exposé clair, concis et rapide du déroulement de l'entretien.

Pour aider quelqu'un à se libérer d'une « petite voix », voici quelques autorisations ou conseils à donner :

### *À un « Sois parfait ! »*

Estimer le temps avant de faire. Le « bien » suffit. Inutile de tout savoir. Compter sur les autres. Faire des erreurs enrichit. Concentrer son « Sois parfait ! » » sur les choses essentielles.

### *À un « Fais un effort ! »*

Terminer. Faire une chose à la fois. Vérifier qu'il a les moyens de ses objectifs. Accorder un temps adapté aux actions appropriées. Se demander souvent : *« Quelle est la manière la plus simple de faire ceci ? »* Diviser une grosse action en petites.

### *À un « Fais plaisir ! »*

Séparer le faire de l'être. Se fixer ses propres objectifs. S'entraîner à dire non et l'imaginer avant. Se considérer comme aussi important que les autres. Exposer ses objectifs aux autres. Faire chaque jour quelque chose d'important pour soi.

### *À un « Sois fort ! »*

Être en contact avec son ressenti. S'occuper de soi. Alterner temps d'ouverture et de fermeture. Accepter sa vulnérabilité.

### *À un « Dépêche-toi ! »*

Se fixer 2 × 10 minutes par jour dans son agenda pour ne rien faire. Fixer des priorités. Fixer des temps quotidiens consacrés à la planification et au contrôle. Trouver des moyens de se stimuler autrement.

*Identifiez la « petite voix » le plus souvent à l'œuvre chez vous-même et chez chacun de vos collaborateurs (et hiérarchiques). Tenez-en compte et vous constaterez une progression en efficacité de votre communication et de votre management.*

# Conclusion des phases d'accueil et de bilan

Le but de l'entretien de développement est d'engager le collaborateur dans une dynamique de croissance. Or, il ne peut s'engager dans cette voie que s'il s'implique lui-même dans la recherche des solutions, ce qui suppose que son responsable garde ses propres solutions en réserve.

## Une dynamique

Le bilan est fait en termes dynamiques : partant de l'action, avec les notions de réussite et d'échec et non pas en termes statiques : qualités, défauts. Il est fait en termes de processus : stratégies. L'échange portant sur les critères de réussite et d'échec permet un ajustement des points de vue.

Règle d'or : le collaborateur doit oser dire à son responsable ce dont il a besoin pour fonctionner.

## Fonctionner en puissance

Pour éviter le « triangle dramatique » (persécuteur, victime et sauveteur), il est bon d'adopter le triangle d'or du management.

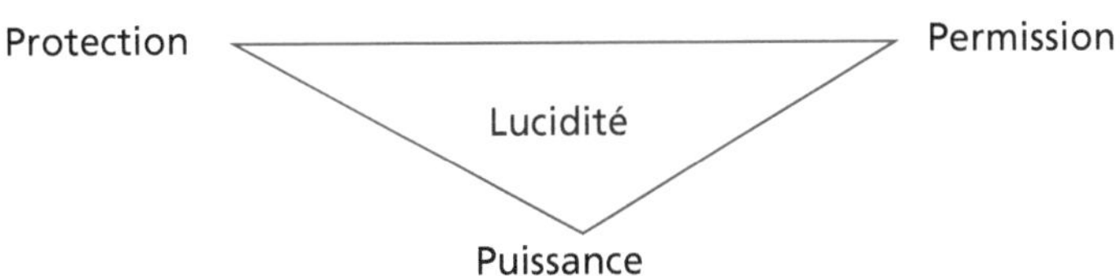


## Protection

Je dis avec clarté et précision ce que je veux.

J'attends de toi que tu : 1.............. ; 2............... ; 3..............

Accorder des protections, c'est cadrer, donner les limites, le périmètre, les règles et la loi.

## Permission

Je laisse mon collaborateur être lui-même, réagir, libre de proposer ses options.

La question : *« Comment vas-tu t'y prendre ? »*.

Accorder des permissions, c'est aider, soutenir, encourager, entretenir et conforter le lien.

Donner à l'autre l'espace pour qu'il ose être lui-même.

## Puissance

Je reste en éveil, au contact de mon ressenti. J'en tiens compte pour poser les limites.

Je valide ou non les propositions du collaborateur.

Je fonctionne en puissance, d'autant plus que j'ai reçu les bonnes protections et les bonnes permissions.

## Lucidité (au centre du triangle)

Je tiens compte du contexte, du niveau du collaborateur (pas d'exigence irréaliste).

# Rappels

## Puissance

Dans la partie « Préparation » (p. 96), nous avons explicité ce que signifiait « manager en puissance ».

Nous avons évoqué le syndrome du « type carré » (p. 145). Aujourd'hui, le temps où un cadre pouvait dire « *Je suis comme ça, qui m'aime me suive* » est révolu. Sans même entrer dans un propos humaniste, le comportement autoritariste est à bannir, ne serait-ce que parce qu'il entraîne une grosse dépense d'énergie de régulation ultérieure. Il n'est opérationnel que dans les contextes d'extrême urgence (incendie, action commando…).

## Urgence

Soyez vigilant. Certains dirigeants ont tendance à faire croire qu'il y a « le feu » pour justifier des « tours de vis » autoritaires dans le management. Certains managers optent en conscience pour un management rigide, voire brutal (« scotchant »). Ils justifient (à leurs propres yeux) leur option par un ou plusieurs des principes suivants :
- celui de « *Je suis comme ça* » déjà évoqué ;
- celui du cadre obéissant ;
- celui du « Je reproduis ce dont je suis victime » ;
- « après moi, le déluge ».

Ils ne peuvent pas ou ne veulent pas se placer dans une autre perspective.

# Rappel des clés exposées dans les phases d'accueil et de bilan

Le triangle dramatique.

Les « petites voix ».

Le triangle d'or du management.

# Objectifs, intentions du collaborateur

Avant d'exposer au collaborateur les objectifs qu'en tant que manager, on a l'intention de lui fixer, il est utile d'entendre ceux que lui-même se propose.

## Ce qui se passe

Il peut se produire un phénomène analogue à ce qui se passait pour l'entretien lui-même. Le collaborateur peut nourrir des doutes sur la validité, la durée de vie, voire le bien-fondé des objectifs qui lui sont proposés. Certains ne comprennent pas qu'on leur fixe des objectifs alors que les objectifs « business » ne sont pas encore communiqués, ni même déterminés quelquefois. D'aucuns s'interrogent sur l'utilité de fixer des objectifs.

Si le manager ne prend pas le temps d'explorer le cadre de référence du collaborateur, il court le risque d'obtenir un assentiment de façade, une soumission inquiète ou un refus caractérisé, selon le degré d'autonomie du collaborateur.

Pour toutes ces raisons, au moment d'aborder cette phase, évitez les formules du type :

*« Cette année, voici les objectifs que je te donne. »*

## Ce que nous préconisons

### Rappeler l'utilité de fixer des objectifs

Au cours de la phase d'annonce, le manager a énoncé les quatre intérêts d'un objectif :



141

- atteindre un résultat ;
- canaliser l'énergie ;
- mesurer le chemin parcouru ;
- symboliser un contrat entre managé et manageur.

Il peut être utile de les rappeler.

## Traduire des intentions, en termes mesurables, en actions

Ce rappel effectué, le manager commence par :

*« Quels objectifs comptes-tu te donner cette année ? »*

La formule implique que le manager va valider ou non les propositions du collaborateur. Il arrive fréquemment que le collaborateur, en réponse, donne des intentions, telles que, par exemple :

*« Améliorer mes relations avec tel service. »*

Tout le travail du manager sera de traduire cette intention en termes mesurables. Une façon simple d'y parvenir est de demander au collaborateur :

*« Comment sauras-tu que tu as atteint ton objectif ? »*

Le collaborateur peut répondre :

*« Je le saurai si j'ai amélioré ma communication avec X… »*

A-t-il formulé un objectif au sens qui nous intéresse ?

## De l'abstrait au concret, une illustration

Des ouvriers frappent à coups de masse dans un grand mur de pierres. Le premier dit qu'il casse des cailloux. Le deuxième dit qu'il construit une cathédrale. Le troisième dit qu'il travaille pour Dieu (pour l'humanité si vous êtes athée). Le quatrième dit qu'il travaille pour le charpentier qui viendra dans une heure poser une poutre de $40 \times 50$ cm.

Lequel a un objectif au sens qui nous intéresse ? Celui qui œuvre pour Dieu (ou l'humanité) se situe au niveau des valeurs et de la transmission de valeurs ; l'atteinte de l'objectif n'est pas mesurable. Celui qui construit la cathédrale se situe au niveau du but ; ce sera concret, perceptible par les sens, mais comment « mesurer » une cathédrale ? Celui qui casse des cailloux est au niveau de la tâche ; ce qui permettra de réaliser pratiquement l'objectif. Celui qui travaille pour le charpentier a formulé un objectif opérationnel.

## Renforcer la concrétisation de l'objectif

Quand le collaborateur répond : « *Je le saurai si j'ai amélioré ma communication avec X…* », il se situe au niveau du but. Sa motivation est recevable, mais la mesure de sa réussite ne sera pas facilement mesurable.

Chaque individu a un niveau de motivation qui lui est propre, plus abstrait pour certains, plus concret pour d'autres. En tant que manager, vous devez amener le collaborateur à formuler ses objectifs au niveau opérationnel (préparer le trou pour le charpentier). Cela sera plus aisé, si vous connaissez le niveau de motivation auquel il est le plus sensible. Au collaborateur ensuite d'alimenter sa motivation au niveau qui lui convient, à une condition près : qu'il atteigne l'objectif opérationnel.

## Une démarche contractuelle

Le manager s'inscrit ainsi en responsable des actions du collaborateur. Le manager ne pourra pas prétendre qu'il n'a jamais vraiment cru à l'objectif du collaborateur, mais qu'il l'a laissé faire pour ne pas brider son énergie…

À ce stade, comme il l'a déjà fait à propos des leçons à tirer de l'expérience, le manager poursuit avec la question qui permet de renforcer la concrétisation de l'objectif :

« *Comment vas-tu t'y prendre ?* »

# Objectifs, intentions et concrétisations

À la question « *Comment comptes-tu t'y prendre ? »*, le collaborateur éprouve parfois du mal à répondre, car il reste au niveau du but (voir p. 145) et ne s'imagine pas l'objectif atteint en termes suffisamment concrets.

## Ce que nous préconisons

Continuez le questionnement :

« *Que pourras-tu constater de différent, de nouveau ? »*

« *Que pourras-tu entendre qui soit différent de ce que tu as entendu jusqu'à présent ? »*

« *Qu'est-ce que tes collègues ne diront plus ? »*

« *En quoi, concrètement, ton travail quotidien sera-t-il plus facile, plus intéressant ? »*

Si le collaborateur relève de la catégorie « points à améliorer » :

« *Comment comptes-tu t'y prendre pour améliorer… ? »*

Le manager valide la déclinaison progressive des aspirations en intentions, des intentions en objectifs, des objectifs en tâches. À chaque étape, il doit vérifier qu'il ressent bien ce que répond le collaborateur.

Dans l'autre sens, si un collaborateur formule tout de suite son objectif au niveau opérationnel, il est conseillé de le questionner sur son but :

« *Quel bénéfice t'apportera le fait d'atteindre cet objectif ? »*

# Niveaux de motivation, niveaux d'objectifs

| Niveaux | Caractéristiques | Exemples |
|---|---|---|
| **Valeur**<br><br>Aspiration | Ce qui est reconnu comme vrai, beau, bon, dans une société, à une époque donnée. | La vie de famille. L'argent. L'indépendance. Le succès. L'obéissance. L'honneur. L'amitié. L'influence. L'ambition. La cohésion. |
| **But**<br><br>Intention | Ce que l'on se propose d'atteindre, ce à quoi l'on tente de parvenir.<br>Il peut être aussi un grand projet, celui de toute une vie.<br>Il peut être mesurable, par une série de critères, d'indicateurs.<br>Il équivaut à la réalisation de plusieurs objectifs.<br>À formuler positivement. | Être en forme.<br>Améliorer ses performances.<br>Gagner de l'argent.<br>Améliorer la qualité.<br>Augmenter la transparence.<br>Réduire le turnover.<br>Développer la confiance.<br>Faire respecter la planification.<br>Accroître le professionnalisme.<br>Améliorer son management.<br>Motiver son équipe. |
| **Objectif**<br><br>Opérationnel | Résultat précis de l'action.<br>Mesurable, atteignable, limité dans le temps, impliquant, négocié.<br>À formuler positivement.<br>Relève de la responsabilité personnelle du collaborateur. | Réaliser 700 k€ au lieu de 600 k€ à la fin du trimestre.<br>Réduire de 20 % les frais de déplacement sur avant-vente.<br>Transformer 60 % des rendez-vous commerciaux, au lieu des 30 % actuels. |
| **Tâche**<br><br>Mise en œuvre | Action à effectuer pour atteindre l'objectif visé.<br>Décrite, planifiée, exécutée, évaluée. | Collecte d'information, mesure.<br>Étude, lecture, rédaction.<br>Geste technique.<br>Communication. |

Il peut répondre :

*« Je prendrai plus facilement des initiatives. »*

Au manager de lui demander alors :

*« Le fait de prendre plus facilement des initiatives te rapportera une satisfaction et(ou) un bénéfice. Laquelle ? Lequel ? »*

Ce questionnement vers le haut permet de mieux connaître les critères de choix et les valeurs du collaborateur. Celui-ci découvrira peut-être que son projet ne traduit pas ses réelles aspirations ou intentions.

# Ajustements des objectifs

En aidant le collaborateur à préciser et à concrétiser ses intentions, le manager développe sa capacité de projet, lui permet de s'affirmer et le prépare à réfléchir, dans la même dynamique, aux objectifs qu'il va lui proposer, sans oublier de lui spécifier, en préambule, qu'il s'agit d'opérer des ajustements entre ses objectifs et les vôtres et non un choix.

## Ce qui se passe

Le manager connaît les objectifs du collaborateur. Ils correspondent plus ou moins à ceux que le manager souhaite lui donner. Parfois, le collaborateur n'assume pas convenablement son poste. Nous traiterons ce problème particulier, après avoir traité du cas général dans les pages suivantes.

## Cas général, ce que nous préconisons

Le manager, en préparant l'entretien, mentionne les points identifiés qui ne sont pas satisfaisants pour lui, puis les exprime en termes d'attentes :

*« De mon côté, voici ce que j'attends de toi pour telle et telle chose… »*

Après avoir exprimé son attente, le manager demande :

*« Comment vas-tu t'y prendre pour atteindre ce que je t'ai demandé ? »*

Il écoute avec attention les propositions du collaborateur :

*« Pour telle chose, je vais faire : A, puis je ferai B, puis C. »*

A, B, C symbolisent les actions que le collaborateur envisage en réponse à la demande du manager. Celui-ci écoute et « calibre » : s'il perçoit une réserve, dans les messages verbaux ou non-verbaux du collaborateur, il doit réagir. Par exemple, si l'action C paraît peu judicieuse ou vouée à l'échec ou si le manager ne la « sent » pas, il oriente le collaborateur vers une autre piste :

*« Très bien, sauf pour le point C, que je ne sens pas. Cherchons autre chose. »*

Il réitère le questionnement *« Comment comptes-tu t'y prendre ? »* jusqu'à ce que la proposition du collaborateur lui convienne. Le processus fera prendre conscience au collaborateur de la viabilité de son projet, tel qu'il le formule, de réalisation des objectifs proposés.

## Les cinq critères d'un bon objectif

Un objectif doit répondre aux cinq critères décrits dans l'encadré. Il doit toujours être formulé positivement. Par exemple, au lieu de dire « ne plus être en conflit avec », dire « instaurer une relation constructive avec ».

| M, mesurable |
| --- |
| Même un objectif qualitatif peut être amené à une grandeur mesurable. Ce point sera vu plus loin, avec la methode RPBO*. |
| **A = accessible** |
| Le collaborateur peut l'atteindre, en allant au bout de ses limites actuelles. |
| **L, limité dans le temps** |
| Des dates d'atteinte des objectifs sont fixées. |
| **I, impliquant/individuel** |
| L'objectif suscite l'intérêt du collaborateur qui va s'investir. La réussite relève de sa responsabilité personnelle. Il s'impliquera d'autant plus qu'il aura participé à l'élaboration des objectifs. |

| **N, négocié** |
| --- |
| Si le collaborateur accepte sans discussion l'objectif proposé, des risques existent :<br>• il ne peut pas l'atteindre, mais il n'ose pas dire non (– +) OU peu lui importe.<br>  Il se soucie peu d'investir de l'énergie dans une discussion avec son n + 1 (– –) ;<br>• il peut l'atteindre facilement : dans ce cas, l'objectif n'aura pas d'effet<br>  « developpeur ».<br>Chaque fois, le questionnement « *Comment comptes-tu t'y prendre ?* » permet d'identifier la perception réelle de l'objectif du collaborateur.<br>Certains objectifs ne sont pas négociables. La négociation porte alors sur les moyens et la méthode à employer pour les atteindre. |
| ** Autres acronymes pour mémoriser les critères de bons objectifs :*<br>PPPPPP : positif, précis, pratique, planifié, porteur (impliquant), personnel (relevant de ma responsabilité).<br>SMART : spécifié, mesurable, ambitieux (assez), réaliste (atteignable), temps (échéance). |

# Objectifs du manager et du collaborateur

Une fois ses objectifs posés, le manager s'accorde avec le collaborateur sur les priorités à respecter. L'une est à poser entre ses objectifs et ceux du collaborateur. L'autre concerne la tenue du poste.

## Priorités et autres ajustements

Que faire s'il y a beaucoup d'objectifs ?

Par exemple, il y a les trois objectifs que le manager a déterminés et les trois que le collaborateur a déterminés.

Tout d'abord, il est utile que le manager respecte les règles suivantes :

- ne jamais sacrifier ses propres objectifs « business », toujours prioritaires ;

- s'assurer qu'il y a compatibilité entre les objectifs du collaborateur et les siens. Dans le cas contraire, sans doute n'êtes-vous pas allé assez loin dans l'exploration des intentions qui sous-tendent les objectifs du collaborateur. Travail d'ajustement à faire ;

- veiller à ce que les objectifs des deux protagonistes répondent aux cinq critères ;

- demander au collaborateur de classer ses objectifs par priorité ;

- trouver avec lui les liens et les convergences existant entre ses objectifs et les vôtres. C'est encore un travail d'ajustement.

# Cas particulier : la tenue du poste est insatisfaisante

## Ce qui se passe

Des managers nous disent par exemple : « *Avec tel ou tel collaborateur, j'ai déjà du mal à obtenir qu'il fasse au moins ce pour quoi il est payé.* »

Une telle remarque appelle plusieurs hypothèses, non exclusives les unes des autres :

- des problèmes (contexte, organisation du travail) existent en amont du collaborateur qui l'empêchent objectivement d'assumer son poste de manière satisfaisante ;

- des problèmes relationnels existent entre le collaborateur et ses partenaires de travail ;

- le manager n'a pas trouvé le bon levier pour dynamiser le collaborateur ;

- le collaborateur ne convient pas au poste ;

- le manager ne dispose pas, à l'appui de son autorité, de moyens de sanction suffisants.

## Ce que nous préconisons

Il peut y avoir des dysfonctionnements sous-jacents dans l'entreprise et il incombe au manager de corriger ce qui ne convient pas dans l'environnement du collaborateur et qui échappe à sa responsabilité. Toutefois, il faudra en passer par ces objectifs de tenue du poste.

Au cours de la préparation (voir p. 83), le manager a déjà transformé ses insatisfactions en attentes. À lui de le faire, selon la méthode employée dans le cas général : exposer ses attentes, ajuster les objectifs avec le collaborateur, valider (ou non).



151

## Exposer son besoin de manager

Usez du message « Je » (voir p. 114) :

*« Quand tu obtiens les résultats suivants…*

*Quand tu te comportes comme tu l'as fait à…*

*Quand tu t'y prends de la manière que j'ai observée, à telle occasion.*

*Je suis confronté, en tant que Manager, à divers problèmes et risques :*
- *productivité ;*
- *qualité relationnelle avec tes collègues ;*
- *sentiment d'injustice dans l'équipe ;*
- *crainte d'aggravation à tous niveaux.*

*Pour moi, manager, c'est inacceptable. Sans amélioration rapide, j'aurai à appliquer une sanction. »*

## Demander la concrétisation

Le manager est maintenant rompu au questionnement adéquat :

*« Comment comptes-tu t'y prendre pour améliorer les choses ? »*

# Cas très particulier : la sanction

## Ce qui se passe

Un manager déplore de ne pas disposer de moyens de sanction. Il apparaît souvent que les moyens de sanction existent, mais que le manager répugne à initier le processus pour diverses raisons : il l'a déjà fait, en vain, et/ou il craint :
- de ne pas être suivi par sa hiérarchie ;
- d'être rendu responsable de l'insuffisance du collaborateur ;
- de compromettre la paix sociale ;
- de passer pour un « tueur » ;
- le conflit avec son n − 1, ou les conflits en général.

## Ce que nous préconisons

Si le processus de sanction a déjà été initié en vain par le manager, il peut s'interroger sur la manière dont il a argumenté sa demande de sanction. A-t-il, par exemple, mis en évidence tous les risques occasionnés par l'insuffisance du collaborateur ? A-t-il fait état de son insatisfaction à son propre n + 1 ? Comment ? A-t-il adressé un message « Je » à son n − 1 ?

Si le processus n'a pas été initié, le manager doit mettre en balance les conséquences d'une sanction et celles d'une absence de sanction, entraînant les risques évoqués dans le message « Je ».

Sanctionner ou ne pas sanctionner ? Il incombe au manager d'explorer son propre cadre de référence, d'identifier ses peurs et de trouver ce qu'il lui faudrait pour sortir du dilemme. Il y parviendra en « s'auto-pitonnant » : *« Que me faudrait-il pour… »*

# Fixer des objectifs qualitatifs

Ce travail de détermination d'objectifs qualitatifs est à faire en partie pendant la phase de préparation, comme nous l'avons vu. Au cours de l'entretien, il reste à explorer avec le collaborateur comment concrétiser.

## Ce qui se passe

Dans le cadre de l'appréciation globale du salarié, les managers ont de plus en plus à déterminer des objectifs qualitatifs, qui relèvent souvent de domaines perçus comme non mesurables :

- comportement ;
- et/ou relationnel ;
- et/ou pratique (quotidienne) du métier.

Pour certaines populations, comme les ingénieurs par exemple, ce qui concerne le comportement paraît a priori relever du non-mesurable et pose problème. Il s'agit donc de trouver des critères permettant de mesurer.

## Ce que nous préconisons

Il est possible d'utiliser, en les croisant, diverses approches. L'une se réfère aux axes d'activité du collaborateur : relation, organisation, initiative et réalisation. Cette approche est exposée dans la phase « Préparation Axes Qualitatifs » (voir p. 100).

Une autre se rapporte aux fonctions du manager. Si le collaborateur a lui-même des collaborateurs, le manager doit se demander comment augmenter sa compétence en sachant mieux :

- mobiliser (susciter la motivation, donner du sens, de l'autonomie) ;

- organiser (mettre de l'ordre, optimiser les processus, donner de la sécurité) ;

- déléguer (augmenter confiance et autonomie, se consacrer au travail managérial) ;

- évaluer (savoir trouver les bons critères, bien suivre le travail effectué) ;

Voici une démarche à adopter dans tous les cas, quelle que soit la grille choisie. Pour un axe donné (par exemple : organiser ou déléguer) :

- poser la réalité perçue et la réalité souhaitée ;

- identifier en quoi elle pose problème ;

- et/ou : poser le projet d'amélioration ;

- dégager les besoins ;

- déterminer des objectifs propres à répondre aux besoins ;

- vérifier que les objectifs respectent la grille MALIN ;

Ce travail de détermination d'objectifs qualitatifs est à faire en partie pendant la phase de préparation. Au cours de l'entretien, il reste à explorer avec le collaborateur comment concrétiser.

# Processus à accomplir
# dans la détermination d'objectifs

- Poser la réalité perçue en termes de constats, d'observations et d'informations.
- Poser la réalité souhaitée, en termes analogues. Exemple : déclinaison d'une valeur groupe (niveau mission) dans le concret, le perceptible.
- Poser les problèmes dus à la réalité perçue :
  - pour chaque problème ;
  - en quoi y a-t-il problème ?
  - à qui se pose-t-il ? Au collaborateur ? Au manager ? À l'équipe ? À l'entité ?
- Est-ce un problème d'organisation ? De technique ? De finances ? De relation entre individus ? De comportement d'une personne ?
- ou bien) Poser un projet. Même si la réalité ne pose pas problème, vous pouvez poser un projet d'amélioration.
- Formuler les besoins (en termes positifs) à partir des écarts entre réalité perçue et réalité souhaitée, de l'analyse des problèmes. Exemple : plus/ mieux de délégation ; meilleure synthèse de l'info ; fluidité des échanges ; transformation commerciale plus rapide ; solidarité.
- Déterminer, en termes concrets, des objectifs en réponse à la demande de satisfaction des besoins. Quand le besoin sera satisfait, on pourra : observer, entendre et ressentir.
- Vérifier que les objectifs respectent la grille MALIN et que la satisfaction du besoin ne crée pas de problèmes (écologie).

# Document de synthèse

## Esprit du document de synthèse

Le document de synthèse est fait pour rendre compte de l'évaluation et non l'inverse ! Une évaluation faite pour servir un document, si perfectionné soit-il, n'a aucune valeur managériale, même si les concepteurs du document ont voulu bien faire, même s'ils ont voulu en général aider les appréciateurs…

## Ce qui se passe

Très souvent, dans les entreprises, le document de synthèse est conçu par un comité de spécialistes (RH, finance, etc.) qui passe de trois à six mois à élaborer un document extrêmement travaillé, à tel point qu'il est inexploitable par les opérationnels, ou bien passe son temps à remplir le document et rate l'essentiel de l'échange, qui est d'avoir un entretien productif et motivant.

## Ce que nous préconisons

Le document reprend les idées fortes, émergées au cours du processus, en particulier, les réussites indiquées par le collaborateur. Ce document doit être simple à rédiger et respecter la teneur de l'entretien.

Lors de l'entretien, plusieurs actions à mener ont été programmées, ce qui implique des objectifs, des moyens, des délais, un planning d'auto-contrôle, un circuit d'information remontant au responsable. Il est indispensable de suivre l'avancée vers les objectifs. Faute de quoi, l'entretien n'aura été qu'une formalité. Le suivi donne tout son sens à l'entretien. Or, il pose une question délicate : celle du contrôle. Partant du postulat qu'il n'y a pas de confiance sans contrôle, le besoin est de mettre en place un contrôle souple et rigoureux, perçu comme nécessaire et légitime, régulier, prévu à dates fixes.

## Suivi des objectifs par le collaborateur

Il commence par prendre « rendez-vous avec lui-même », régulièrement, pour faire le point de ses réalisations par rapport à ses objectifs. La formule entre guillemets postule que le manager fasse confiance au collaborateur.

Grâce à la mise en œuvre, tout au long de l'année, des principes exposés ici, le collaborateur rendra compte à son responsable, de plus en plus spontanément, de son avancée vers les objectifs.

## Suivi des objectifs par le manager et le collaborateur

Il est essentiel de prendre des rendez-vous de suivi des objectifs, au moins à six mois, afin de consolider les actions engagées, de sécuriser le collaborateur et le manager et d'éviter de se retrouver, en fin d'année, avec des objectifs non atteints.

## Fin de l'entretien

Avant de mettre un terme à l'entretien, il est conseillé de poser les questions suivantes :

*« Finalement, pour bien fonctionner, qu'attends-tu de moi ? »*

*« Comment te sens-tu à la fin de cet entretien ? »*

# Synthèse à remplir avec le collaborateur

Quelles sont ses trois principales réussites ?

Qu'est-ce qui lui fait dire que ce sont des réussites (critères) ?

Quelles sont ses stratégies de réussite ?
- Pour chaque réussite, quel a été le processus qui a conduit au succès ?
- Quel a été le facteur déclenchant ?
- Quel a été le facteur essentiel ?

Quelles sont les autres réussites identifiées par le manager ?
Critères : ................................................................................................

Quels sont ses trois « plantages » ou ses trois points à améliorer ?
- Pour chacun, qu'est-ce qui lui fait dire que ce sont des plantages ou des moints à améliorer ?
- Pour les plantages, quels enseignements sont à tirer ? Sur les points à améliorer, comment s'y prendre dans l'avenir ?

Autres attentes du manager, si nécessaire

Objectifs de l'année
- Présentés par le collaborateur et validés par le manager.
- Projet de plan d'action (comment procéder ?).
- Autres objectifs, fixés par manager, si nécessaire.
- Projet de plan d'action (comment procéder ?).

Perspectives d'avenir (voir page 100)
- Intention, objectif à long terme.
- Validation.
- Étapes de mise en œuvre de cette année.
- Plan de formation.

Rendez-vous de suivi des objectifs
- Date des rendez-vous.
- Rappel des indicateurs d'avancée vers les objectifs.

# Partie 4

# PERSPECTIVES PROFESSIONNELLES

# Introduction

## Projection dans l'avenir

Nous préconisons depuis longtemps d'intégrer une partie
« perspectives à plus long terme » dans les entretiens annuels, car cela
procure des bénéfices majeurs :

- ajuster les aspirations du collaborateur et les besoins de l'équipe,
  d'éviter la fuite des meilleurs éléments, limiter le départ des mer-
  cenaires, assurer l'évolution du service ;
- faire gagner le collaborateur en maturité et en responsabilité, dans
  la mesure où les plans de carrière du siècle dernier ne sont plus
  des structures porteuses à long terme, quel que soit le secteur ;
- inscrire le collaborateur dans une dynamique de développement :
  le monde change et, face aux divers changements, la meilleure
  sécurité consiste à développer son aptitude à l'apprentissage permanent. De la sorte, on conserve son plaisir de vivre et on développe son adaptation au contexte.

Dans le déroulement de l'entretien, cette partie est distinguée des
autres (annonce, préparation, bilan et objectifs), mais elle n'en est pas
dissociée.

## Trois cas de figure

Trois cas de figure se présentent, sachant que l'obligation d'un entretien professionnel a été créée par l'avenant n° 1 à l'accord national
interprofessionnel sur le DIF en date du 8 juillet 2004, cet entretien
devant avoir lieu au moins une fois tous les deux ans.



162

### Cas 1

Votre organisation a opté pour la démarche « intégrée » que nous préconisons et maintient son option.

### Cas 2

Votre organisation distingue :

- l'entretien annuel consacré aux objectifs. Il est appelé diversement : entretien d'activité, d'appréciation, d'évaluation, individuel, de performance, etc.
- un second entretien, consacré au développement professionnel du salarié, souvent réalisé six mois après le premier et portant sur le développement de compétences, le parcours professionnel, la réalisation des aspirations personnelles liées à l'activité professionnelle.

### Cas 3

Votre organisation choisit, dans l'entretien annuel, quelle que soit son appellation, de privilégier le travail sur les objectifs, l'activité business en s'en tenant à l'horizon annuel, et elle choisit de traiter le plus long terme lors de l'entretien professionnel.

## Comment en tirer profit

En quoi allez-vous tirer profit des chapitres qui suivent, dans chacun des trois cas ?

### Cas 1

Vous saurez donner à l'entretien annuel toute sa dimension d'entretien de développement, en inscrivant dans une continuité :

- l'appréciation de la prestation effectuée et la définition des objectifs pour l'exercice à venir ;
- votre travail de développeur (voir introduction générale de cet ouvrage) de vos collaborateurs et votre responsabilité de production de résultats.

## Cas 2

Vous pourrez appliquer nos préconisations dans l'entretien consacré au développement.

Dans ces deux premiers cas, vous aurez préparé le collaborateur, et vous-même, à tirer le meilleur bénéfice de l'entretien professionnel, puisque vous aurez réfléchi ensemble sur ses perspectives à moyen et long terme. D'aucuns pourraient voir un doublon fâcheux (perspectives plus entretien professionnel). Mais ceux qui entretiennent une vision positive y verront l'opportunité d'optimiser l'entretien professionnel, en ayant travaillé en profondeur chaque année. Les besoins en formation, par exemple, apparaîtront avec plus de clarté que dans le cas suivant.

## Cas 3

Vous disposerez d'une méthodologie qui vous permettra de mener efficacement l'entretien professionnel. Vous saurez, en particulier, mieux aider le collaborateur, dans le temps qui vous sera imparti, à exprimer et à préciser ses aspirations, et à en mesurer la faisabilité.

Dans tous les cas, vous bénéficiez d'un levier supplémentaire de management.

# Préparer l'échange

Il faut avoir une représentation (+ +) de l'échange sur ce thème, avoir à l'esprit les bénéfices que l'entretien professionnel peut procurer au salarié, à l'organisation et au manager.

## Entretien professionnel, une double utilité

Quels que soient la taille de l'entreprise et le caractère de nouveauté de l'exercice, il s'agit de vivre l'entretien professionnel comme un acte majeur du management, à double utilité :

- opérationnelle, par la connaissance et le repérage des compétences actuelles ou à activer. L'entretien est censé améliorer la pertinence des plans de formation et faciliter la mobilité interne ;
- stratégique, par la mesure des sentiments d'appartenance, d'appropriation, de motivation et de la qualité du climat social. L'entretien est censé améliorer la fidélisation des salariés. Bien mené, et suivi d'effets, il constitue un signe de reconnaissance considérable.

## Un point de vue qualitatif

Les managers des organisations, où il existe déjà au moins un « entretien annuel », devront savoir distinguer entre trois types d'entretien :

- l'entretien de recadrage, que tout bon manager doit déclencher dès que le comportement ou la prestation du collaborateur appellent une remarque immédiate, ne pouvant attendre le moment de l'entretien ciblé sur les objectifs ;



165

- l'entretien annuel d'évaluation, qui porte sur les objectifs et les résultats du collaborateur, ainsi que l'inscription de sa prestation dans une stratégie et une performance d'équipe ;
- l'entretien professionnel portera sur le développement de compétences, la relation du collaborateur à l'entreprise et au métier, les aspirations, les projets d'avenir, les souhaits de formation et/ou de réorientation.

À cet égard, les managers habitués à l'entretien annuel ciblé sur les objectifs auront besoin d'adopter un point de vue différent et d'autres critères, tenant davantage de l'évaluation de compétences, du qualitatif et du comportemental. Les managers des organisations néophytes devront savoir conduire un changement, à la fois pour eux-mêmes et pour leurs collaborateurs. Pour tous les managers, il s'agira de savoir établir le lien entre les souhaits exprimés lors des entretiens et le plan de formation de l'entreprise, mais aussi concrétiser un plan de développement des compétences.

## Objectifs du manager

Il doit être en mesure de vérifier que le salarié a bien saisi les enjeux de l'entretien et qu'il le distingue bien de l'entretien annuel. L'un de ses rôles est de conseiller, orienter le salarié vers les axes les plus porteurs de développement professionnel pour lui et dans le contexte de l'entreprise. Il vous incombe de l'aider à clarifier ses aspirations, ses intentions et ses besoins. Pour cela, il vous faut connaître un minimum son parcours, et suivre pendant l'entretien une méthodologie propre à rassurer et guider avec efficacité. Enfin, il doit informer sur les dispositifs de formation. Pour cela, il doit disposer d'éléments suffisamment précis.

## Agenda du manager

Faire préparer l'entretien professionnel au collaborateur.

Se préparer lui-même.

Savoir comment il va mener l'entretien.

À cet effet, nos préconisations intègrent la démarche de type « coaching », impliquant le salarié non plus dans l'identification de ses réussites, échecs et objectifs, mais dans la formulation de ses priorités de valeurs et de ses priorités d'action.

## Des choses à savoir avant de commencer

L'entreprise est censée informer le manager sur certains points, entre autres les obligations légales applicables, en lien avec les accords de branche ou d'entreprise (décision de faire se dérouler les entretiens pendant le temps de travail ou non par exemple) et en lien avec la mise en œuvre du Droit Individuel à la Formation (DIF). Elle doit également ment tenir le manager informé sur sa politique et sa stratégie RH :

- mise en place des entretiens professionnels, exploitation et suivi de ces entretiens, parcours de professionnalisation ;
- choix de l'externalisation des entretiens professionnels et dispositifs externes d'accompagnement ;
- choix quant à la conduite des entretiens ; ils doivent être menés avec un responsable hiérarchique, au moins le n + 1. Il est possible d'associer le n + 2, voire le n + 2 et un responsable RH ou de formation, selon les objectifs de l'entreprise.

Divers ouvrages et sites Internet donnent des réponses sur ces points sur les tenants et les aboutissants de l'entretien professionnel.

## Conditions de réussite

Il est souhaitable, compte tenu de la nouveauté de l'entretien professionnel, qu'elle communique auprès de l'ensemble du personnel, sur la finalité de cet entretien, sur ses objectifs et l'impératif absolu de préparation par le salarié et par son responsable.

# Préparer l'entretien professionnel

Comme pour l'entretien d'évaluation, chaque entreprise va concevoir ses supports de préparation – pour les salariés, pour les responsables. Une grande diversité de documents est donc à prévoir. Notre propos n'est pas d'entrer dans le détail, mais d'attirer l'attention des concepteurs de supports, des RH et des managers sur la lisibilité de ces documents.

## Faire préparer le collaborateur

Ces documents permettront à chacun de faire le point sur :

- les responsabilités qu'il a exercées ;
- les contextes dans lesquels il a travaillé ;
- les changements qu'il a eu à assumer ;
- ses réussites : quelles sont-elles ? Comment sont-elles advenues ? Qu'est-ce qui lui fait dire que ce sont des réussites ? Comment s'y est-il pris ?
- ses axes de progression : quels enseignements tire-t-il de ses échecs ?
- les compétences et les ressources qu'il a démontrées ;
- les compétences et les ressources qu'il a à développer ;
- l'idée qu'il se fait de son métier ;
- l'idée qu'il se fait de ce qu'il aime faire, de ce qu'il sait faire ;
- ses aspirations personnelles ;
- compte tenu de tout ce qui précède, son projet.

Ces supports doivent être opérationnels : trop abscons, ils entraîneraient une perte de temps, d'énergie et une baisse de la motivation à préparer.

# Se préparer soi-même

## Avoir une représentation (+ +) de son collaborateur

Le manager a identifié son parcours, dispose des informations utiles sur les points évoqués ci-dessus. Le fait d'intégrer une partie « Perspectives professionnelles » à l'entretien d'évaluation prend tout son sens ici.

Quelle que soit sa perception du salarié, le manager doit avoir une idée de ce qui pourrait constituer des axes porteurs pour le développement professionnel du salarié concerné. Il a déjà travaillé dans ce sens au moment de la préparation de l'entretien d'évaluation. La démarche est similaire ici : se construire une représentation positive du salarié (transformer son ressenti en jugement opérationnel), en laissant de côté ses perceptions négatives et ses projections personnelles.

Le manager ne doit pas penser que le potentiel du salarié est limité, mais plutôt : *« S'il développpait son potentiel, ce serait dans quel axe ? S'il développpait des compétences, ou en acquérait de nouvelles, ce serait dans quels domaines ? »*

## Avoir identifié des axes de développement

Parallèlement à l'inventaire des domaines où le collaborateur pourrait se développer, il faut faire celui des axes de développement à lui indiquer. Par exemple, le manager peut se demander ce qui pourrait permettre au collaborateur de se réaliser davantage dans le cadre professionnel :

- élargir son horizon, son champ d'action ;

- changer de secteur d'activité, de filière, de zone géographique ;
- élever son niveau de qualification ;
- élever son niveau de responsabilité ;
- pouvoir réaliser davantage son potentiel dans le travail ;
- relever un défi, prendre un risque ;
- apporter une valeur ajoutée plus grande ;
- avoir davantage d'autonomie de décision.

L'intention n'est pas de « mâcher le travail » au collaborateur, ni de gagner du temps, mais de stimuler sa réflexion.

## Se préparer soi-même au plan comportemental

Le manager a besoin d'identifier l'état le plus approprié afin d'accueillir le collaborateur et s'y installer (ancrage).

# Réunir les conditions de réussite de l'entretien

Les critères à respecter sont les mêmes que pour l'entretien ciblé objectifs. Le lieu aura été préparé, conformément aux trois règles : confidentialité, calme et convivialité.

# Faire émerger aspirations et objectifs

Il s'agit de rendre le salarié acteur de son entretien. Nous exposons ici un type de questionnement. Que le collaborateur ait préparé ou non, il incombe au manager d'optimiser le travail effectué, en l'amenant à passer de formulations générales, vagues et/ou abstraites et/ou illusoires, à quelque chose de concret et de positif pour lui.

Nous spécifierons une différence de démarche entre contexte d'entretien d'évaluation et d'entretien professionnel quand cela sera utile.

## Amener le collaborateur à explorer son avenir

Il est conseillé de rechercher ses motivations en procédant par questionnement en entonnoir. Celui-ci commence très large :

*« Qu'est-ce qui t'intéresse dans la vie ? »*

Supposons qu'il réponde :

*« Dans ma vie professionnelle ou personnelle ? »*

### Lui laisser le choix

Supposons qu'il déclare : *« La pêche à la ligne. »*

Quelle réaction allez-vous avoir (surtout si vous avez cette activité en horreur) ?

...............................................................................................

Le mieux est de vous recentrer et de continuer le questionnement avec, par exemple :

*« Qu'est-ce qui t'intéresse dans la pêche à la ligne ? »*

Réduisez peu à peu le champ en demandant :

*« Rêvons un peu. Comment te vois-tu dans cinq ans ? »*

Cinq ans est un horizon assez lointain pour que la conscience des contraintes du réel n'entraîne pas une autocensure, ce qui laisse les motivations essentielles émerger. Supposons qu'il réponde : *« Je ne vois pas. »*

Le mieux est de continuer le questionnement avec :

*« Laisse-toi imaginer. »*

En général, le collaborateur voit quelque chose et le manager l'accompagne dans la concrétisation. Toutefois, il est possible qu'il réponde : *« Cinq ans, c'est loin ! »*

Le mieux alors est de le relancer avec :

*« Cela peut te paraître lointain, mais je te propose volontairement cette perspective, pour t'aider à te projeter et te libérer du quotidien. »*

## Faire émerger au moins un objectif

Continuez le questionnement jusqu'à faire émerger au moins une valeur, un but, un objectif personnel. Bref, une motivation. Le collaborateur exprimera sans doute diverses aspirations (tant mieux) et peut-être des intentions ou des souhaits qui vous paraîtront illusoires. Abstenez-vous de tout commentaire ou jugement, recueillez de l'information. Il ne s'agit pas de lui ôter ses illusions. Votre rôle est de l'aider à concrétiser ses aspirations. Il est fréquent que la réflexion menée sur le *comment faire* conduise le sujet à approfondir, préciser ou reconsidérer ses véritables aspirations (vers quoi aller), jusqu'à ce qu'il arrive à savoir ce qu'il veut.

## Déterminer des objectifs personnels

Les questions ci-dessous permettent de définir vos objectifs personnels. Cette même démarche permettra au collaborateur d'affiner son projet.

Nous avons décliné les objectifs d'un niveau abstrait (aspiration) à un niveau concret (mesurable). Veillez maintenant à décliner les aspirations en intentions, les intentions en projet, le projet en objectifs.

## Dans le cadre de l'entretien professionnel

Ces objectifs pourront être au niveau :

- des souhaits (ou préconisations) de formation, portant sur un perfectionnement dans le métier, l'acquisition de savoir et de savoir-faire, ou l'amélioration de comportements, de l'ordre du savoir être ;
- de l'élaboration d'un projet professionnel, appuyée sur la meilleure utilisation des dispositifs proposés aujourd'hui (valorisation des acquis de l'expérience, bilan de compétences) et structurée dans le temps.

## Dans le cadre de l'entretien d'évaluation

Les objectifs doivent être formulés au niveau le plus opérationnel, c'est-à-dire en lien avec l'activité actuelle du collaborateur.

## Dans les deux cas, une démarche similaire

### *Qu'est-ce que je veux vraiment ?*

Je formule mon objectif en termes précis, positifs et mesurables.

### *Quel sera mon bénéfice personnel ?*

Je clarifie les bénéfices attendus.

### *À quoi saurai-je que j'ai atteint mon objectif ?*

Qu'est-ce qui sera visible, audible, perceptible ? Comment saurai-je que je suis sur la bonne voie ? Quels sont les facteurs qui peuvent me conduire à réévaluer mon objectif ?

## Écologie

Par rapport à mes valeurs personnelles, quelles peuvent être les conséquences négatives de la réalisation de mon objectif pour moi, pour les autres ? L'objectif prend-il en compte les intérêts des personnes impliquées ?

## Ressources

Quels sont les obstacles éventuels à la réalisation de mon objectif ? Quelles solutions positives pour les surmonter ? De quelles ressources ai-je besoin pour atteindre mon objectif ? Celles dont je dispose déjà. Celles qu'il me faut acquérir.

## Plan d'action (tâches)

Que faire dès cette année pour tendre vers cet objectif ? Quelles formations ? Quelles actions ?

Quelle énergie suis-je prêt à investir dans cette démarche ?

# Accompagner le collaborateur dans la concrétisation

Le collaborateur se projette dans le long terme, à cinq ans, sinon davantage. Deux cas se présentent.

## Le collaborateur sait ce qu'il veut et le manager est d'accord

Être d'accord signifie ici que le manager pense que le collaborateur, s'il le connaît bien, s'engage sur une voie souhaitable pour son développement professionnel et personnel.

Le manager aide à la concrétisation en demandant :

*« Quel objectif te fixer cette année pour aller dans ce sens ? »*

Nous préconisons d'utiliser la démarche de détermination d'objectifs exposée précédemment, laquelle aboutira à un plan d'action à court et moyen terme.

## Le collaborateur sait ce qu'il veut, mais le manager n'est pas d'accord

### Ce qui se passe

Pour diverses raisons, liées à sa maturité ou à ses compétences, vous, son manager, estimez qu'il se fourvoie, qu'il est dans l'illusion, le fantasme. Toutefois, il n'est pas approprié de lui adresser des messages négatifs du style :



175

*« Tu n'es pas fait pour cela. »*

*« Tu as mieux à faire. »*

*« Cela ne te mènera pas loin. »*

*« Ne crois-tu pas que tu rêves un peu ? »*

Ces propos pourraient soit le renforcer dans sa détermination, soit saper son énergie de projet. Votre rôle est de lui faire identifier lui-même la pertinence de son projet. Le souhait qu'il exprime recèle certainement une intention positive, porteuse, même si la mise en œuvre en paraît hasardeuse. Enfin, il est possible que la personne manifeste à l'épreuve, des capacités bien supérieures à celles qu'on pouvait soupçonner auparavant. Comment tenir compte à la fois de sa perception et de la vôtre ? Que lui dire ?

## Ce que nous préconisons

Mieux vaut accompagner la personne dans la prise de conscience.

### Qu'est-ce qui t'intéresse dans (selon)

Ce domaine ? Ce métier ? Cette fonction ? Ce poste ? Cette mission ?

### Comment vois-tu (selon)

Ce domaine ? Ce métier ? Cette fonction ? Ce poste ? Cette mission ?

Ce questionnement permet au collaborateur de sortir d'un éventuel fantasme, grâce au recadrage du manager.

### Comment vois-tu le parcours pour parvenir à

Travailler dans ce domaine ? Exercer ce métier ? Assumer cette fonction ? Tenir ce poste ? Remplir cette mission ?

Après l'avoir écouté, le manager procède au questionnement en entonnoir pour traduire ce parcours.

### Dans le cadre de l'entretien professionnel

Le manager procède au questionnement en entonnoir pour traduire ce parcours en projet opérationnel, étayé sur des perspectives de formation, comme dans le cas précédent.

### Dans le cadre de l'entretien d'évaluation

Le manager veille à ce que les objectifs soient formulés au niveau le plus opérationnel, c'est-à-dire en lien avec l'activité actuelle du collaborateur.

# Cas particulier : le désaccord persiste

Le collaborateur persiste dans une voie qui paraît illusoire pour des raisons qui échappent au manager ou bien il ne parvient pas à ébaucher un quelconque projet.

## Ce que nous préconisons

### Dans le cas de l'entretien professionnel

L'hypothèse est improbable, si les préparations ont été faites par les deux protagonistes. Toutefois, si le cas se produisait, inspirez-vous de ce que nous préconisons dans le cas suivant.

### Dans le cas de l'entretien d'évaluation

Le manager propose, pour l'année, un challenge tel que, si le collaborateur le relève, il le soutiendra dans son contrat :

*« Je suis prêt à t'accompagner dans ton développement à condition que… »*

C'est la notion de contrat. Le manager doit veiller à ne prendre aucun engagement au-delà de ses possibilités. Comme il a aussi un rôle de protection, il peut ajouter :

*« Si cela n'était pas possible, qu'est-ce qui t'intéresserait d'autre ? »*

Supposons que le collaborateur réponde : *« Rien. »*

Ou : « *Je suis bien comme ça. Je ne vois pas où je pourrais trouver mieux.* »

### Dans tous les cas, des deuils sont à faire

Le collaborateur a sans doute à faire le deuil (voir p. 88) de certaines missions, fonctions, tâches, facilités qui étaient siennes. En tant que manager, vous avez la responsabilité de faire saisir trois messages :

- aujourd'hui, entrer dans une entreprise équivaut à s'engager dans une dynamique d'évolution permanente. L'immobilisme est mortel pour l'entreprise. La seule chose qui ne change pas, c'est le changement ;
- plus personne ne peut garantir un emploi à vie. Il importe donc d'entretenir une dynamique d'apprentissage permanent ;
- pour vous, accepter de laisser un collaborateur sans perspectives reviendrait à faillir à votre mission de manager, qui implique le développement des compétences et la croissance des salariés placés sous votre responsabilité.

## Si la difficulté persiste, utiliser un joker

Si le collaborateur éprouve encore des difficultés à se projeter, le manager peut lui-même proposer des perspectives, à partir de la réflexion qu'il a menée au cours de la préparation (et tout au long de l'année) et à partir du dialogue qu'il vient d'avoir avec lui.

Par exemple :

« *Je te verrais bien à tel ou tel poste (ou dans tel domaine). Cela supposerait que tu… Comment vois-tu la chose ?* »

Le principe, pour le manager, est de faire part au collaborateur de suggestions de développement professionnel, mais sans prendre en charge le collaborateur. Le manager fait lui-même le deuil de son influence, en laissant au collaborateur la liberté et la responsabilité de dessiner son avenir.

# Fiche d'auto-évaluation pour l'appréciateur

Juste après le départ du collaborateur, le manager prend 5 minutes pour se remémorer l'entretien qu'il vient de mener. Voici quelques questions qui pourront guider efficacement ce regard.

Combien de temps ai-je pris pour affiner ma préparation – consultation du dossier, de mes notes personnelles, des statistiques… ?

Ai-je bien rendu clair le but de l'entretien ?

Étions-nous à l'abri des interruptions ?

Ai-je accueilli mon collaborateur avec calme et cordialité ?

Ai-je noué le contact avec lui ?

Ai-je abordé tous les points que je souhaitais ?

Lui ai-je donné suffisamment l'occasion d'exprimer ses sentiments ?

L'ai-je bien laissé exprimer ses options, son plan d'action ?

S'est-il approprié les objectifs retenus ?

Suis-je resté ouvert aux solutions possibles ?

L'ai-je encouragé ?

Ai-je bien expliqué mes positions, en évitant toute justification ?

Ai-je clairement signifié ce qui ne me convenait pas et ce que je voulais voir fait autrement et mieux ?

Ai-je pris soin de vérifier en permanence que nous nous comprenions, même en cas de désaccord ?

Ai-je bien parlé de faits concrets plutôt que de la personnalité de mon interlocuteur ?

Ai-je tenu compte de mon ressenti ?

L'ai-je explicité ?

Puis-je formuler mon taux de satisfaction par rapport à cet entretien ? Quel est-il ?

Puis-je formuler son taux de satisfaction par rapport à cet entretien ? Quel est-il ? Pour poser un diagnostic, prenez le point de vue de votre collaborateur en vous aidant des questions de la fiche d'auto-évaluation de l'« apprécié ».

Avons-nous fixé la date du suivi ?

L'objectif pour vous, en tant qu'appréciateur, est de parvenir à répondre « oui » à toutes les questions.

Les points auxquels vous avez répondu « non » vous donnent vos axes (impératifs) de progression.

# Fiche d'auto-évaluation en tant qu'apprécié

Nous conseillons au manager d'y répondre, en se référant au dernier entretien qu'il a passé.

| | Oui | Non | Remarques, souhaits |
|---|---|---|---|
| J'ai suffisamment préparé mon entretien. | | | |
| Ma description de fonction est claire. | | | |
| Tous les sujets prévus ont été abordés. | | | |
| J'ai le sentiment d'avoir été écouté et entendu. | | | |
| Le parler vrai de part et d'autre a facilité la compréhension mutuelle. | | | |
| L'analyse a essentiellement porté sur les faits. | | | |
| J'ai pu exprimer librement, sans appréhension, mes opinions et mes sentiments personnels. | | | |
| Mes objectifs étaient mesurables, accessibles, limités dans le temps, impliquants et stimulants. | | | |
| Mes aspirations ont été prises en compte. | | | |
| Mon perfectionnement par des actions de formation a été prévu. | | | |
| Je ne me suis senti, à aucun moment, sur la défensive et/ou en état de régression. | | | |
| Le face à face s'est déroulé dans un climat cordial, entre adultes. | | | |
| L'entretien m'a été utile et me laisse une impression positive. | | | |

# Bibliographie

ALBERT Éric, EMERY Jean-Luc, *Le manager est un psy,* Éditions d'Organisation, 1998.

BESSON Bernard, VIGANO Vito, VUAGNIAUX Jean-Michel, *L'art du coach*, éd. Coaching Services.

COVEY Sean, *La 8ᵉ habitude,* éd. First, 2006.

COVEY Stephen R., *Priorité aux priorités,* coll. « Businessman », éd. First, 1995.

CRÉVECŒUR Jean-Jacques, *Relations et jeux de pouvoir,* éd. Jouvence, 2000. Préface de Paule Salomon.

DÉLIVRÉ François, *Le métier de coach*, Éditions d'Organisation, 2004.

KALIKA Michel (éd.), *Les défis du management,* éd. Liaisons, 2002.

FAVRE Catherine et Daniel, *Naissance du 4ᵉ type,* éd. Souffle d'or, 1991.

LE GOFF Jean-Pierre, *Les illusions du management – Pour le retour du bon sens,* éd. La Découverte, 2000.

TOLLÉ Eckhart, *Le pouvoir du moment présent,* Ariane Publications et Distribution, 2000.

# Index